Rössli Mogelsberg

Sabine Bertin

Das Kochbuch

Fotografiert von Stephan Hanslin

AT Verlag

Inhalt

7 Rössli Mogelsberg – Die Geschichte

8 Wie ich zum «Rössli» kam …

10 … und wie ich im «Rössli» blieb

12 Wie ich zum Kochen kam und dabei blieb

14 Die zwölf Energien

15 Die Menüs und Rezepte

17 **April** – Die stürmische Kraft des Frühlings

29 **Mai** – Das Wachsen und Blühen in der Natur

41 **Juni** – Die Leichtigkeit des Seins

53 **Juli** – Feriengefühle

65 **August** – Das Strahlen der Sonne

77 **September** – Gesundes aus Wald und Garten

89 **Oktober** – Schönheit und Harmonie

101 **November** – Intensität der Gefühle

115 **Dezember** – Zeit der Träume

127 **Januar** – Die Kargheit des einfachen Lebens

139 **Februar** – Die Ahnung des Vorfrühlings

151 **März** – Sehnsucht

162 Grundrezepte

166 Dank

167 Rezeptverzeichnis

© 2011
AT Verlag, Aarau und München
Fotos: Stephan Hanslin, Mogelsberg
Bildaufbereitung: Vogt-Schild Druck, Derendingen
Druck und Bindearbeiten: Offizin Andersen Nexö, Leipzig
Printed in Germany

ISBN 978-3-03800-547-6

www.at-verlag.ch

Rössli Mogelsberg – Die Geschichte

Anfang des 18. Jahrhunderts erbaut, wurde das «Rössli Mogelsberg» erstmals 1786 als Gasthaus schriftlich erwähnt. In der ersten Hälfte des 19. Jahrhunderts diente es als Gerichtsgebäude. Mogelsberg, am Pilgerweg zwischen St. Gallen und Einsiedeln gelegen, hatte damals eine wichtige Funktion als Poststation. So war dem Gasthaus Rössli auch ein Landwirtschaftsbetrieb mit Stallungen angegliedert, wo die Pferde untergebracht werden konnten. Noch heute sind vor dem Haus die Steinpflöcke zu sehen, an denen die Pferde angebunden wurden. Ende des 19. Jahrhunderts wurde im Haus eine Bäckerei eingerichtet, die bis heute besteht, jetzt allerdings in einem Nebengebäude untergebracht ist und das Brot für den Gastbetrieb bäckt.

Nachdem das «Rössli» viele Jahrzehnte lang als Familienbetrieb geführt worden war, übernahm 1978 eine Gruppe von jungen Idealisten den Betrieb und stürzte sich voller Enthusiasmus in die Arbeit. Kontakte zur einheimischen Bevölkerung wurden geknüpft, kulturelle Veranstaltungen organisiert, das Restaurant als Stammlokal für die Einheimischen und als Treffpunkt für die alternative Szene geführt und das Hotel mit Seminar- und Privatgästen, anfangs vor allem aus dem eigenen grossen Bekanntenkreis, gefüllt.

Wir, die damaligen Initianten des Betriebs, verwirklichten hier unseren Traum von der Abschaffung der Hierarchien und der Verbindung von Arbeit und Freizeit. Alle machten alles, Entscheidungen wurden nur gemeinsam und einstimmig gefällt, was nächtelange Diskussionen bedeutete. Sogar der Arbeitsplan wurde gemeinsam erstellt, was ebenfalls ganze Nächte in Anspruch nahm. Die Trennung von Privat- und Arbeitsleben löste sich vollständig auf. Das Restaurant war unser Zuhause, die Gäste waren unsere Freunde. Das Engagement war total, der Lohn vor allem ideell.

Das Geschäft lief gut an, die Mund-zu-Mund-Propaganda funktionierte. Doch die Zeiten ändern sich, die Menschen wandeln sich. Einer nach dem anderen verliessen in den ersten Jahren die ursprünglichen Initianten des Projekts das «Rössli», es kamen und gingen im Laufe der Jahre weit über hundert Mitarbeitende. Dabei entwickelte und veränderte sich der Betrieb laufend, Strukturen und Konzept wurden immer klarer, die wachsende Routine erleichterte vieles und schuf immer wieder Raum für neue Ideen. Der einstige Pionierbetrieb entwickelte sich zu einem professionell geführten, klar strukturierten, erfolgreichen Gasthaus.

Heute ist das «Rössli Mogelsberg» ein weiterum bekannter Betrieb, in dem lustvoll gearbeitet und konsumiert wird, in dem Gesundheit und Genuss sich harmonisch vereinen, Tradition geachtet und Kreativität gelebt werden – eine Oase des Wohlbefindens.

Ein Traum ist wahr geworden.

Wie ich zum «Rössli» kam ...

Es war im Frühling 1977. Mit meinem damaligen Partner – in Mogelsberg wurde er dann mein Ehemann – waren wir Teil einer gut zwanzigköpfigen Gruppe von jungen Idealisten, die zusammen ein grosses Wohn- und Arbeitsprojekt aufbauen wollten. Zu dieser Gruppe zählten Studenten, angehende und ausgebildete Anwälte, Ärzte, Künstler, Lehrer, Handwerker, Psychologen, Sozialarbeiter und ein kleines Grüppchen von Leuten, die von einem Restaurant träumten. Ein Freund, der von diesem Traum wusste, schwärmte mir von einem Hotel-Restaurant im Toggenburg und seinen Besitzern vor. Das Haus stünde zum Verkauf, es sei ein wunderbares, sehr altes, traditionelles und gut erhaltenes Holzhaus, seine Besitzer überaus freundlich und nett, ich müsse mich rasch entscheiden, da es bereits verschiedene andere Interessenten dafür gäbe.

Doch ich im Toggenburg? Niemals! Zürich war damals nicht nur mein eigener Lebensmittelpunkt, sondern in meinen Augen auch der Mittelpunkt der Welt. Unvorstellbar, mich in der Ostschweiz lebendig begraben zu lassen! Und obwohl mein Freund mich zu überreden versuchte und weitere Argumente ins Feld führte – dass alle unsere Freunde und Bekannten uns besuchen kämen und ihre Wochenenden bei uns verbringen würden, dass sie Seminare, Geburtstagsfeiern, Familienfeste bei uns abhalten würden, dass sie Werbung machen würden für uns in der Stadt –, nützte alles nichts; ich wollte nicht.

Wir sahen uns weiter verschiedene Objekte in der Nähe von Zürich an, Restaurants, Gasthäuser, Fabrikgebäude, stillgelegte Industriegelände. Doch nichts passte richtig.

Es wurde Frühling 1978, und erneut rief der Freund an. Er war wieder in dem Hotel in Mogelsberg gewesen, hatte mit den Wirtsleuten einen gemütlichen Abend verbracht und drängte mich erneut. Wir sollten uns das Haus wenigstens einmal anschauen, die Wirtsleute kennenlernen. So liess ich mich also überreden, mit unserer Projektgruppe diesen Betrieb anzuschauen.

Wir fuhren mit dem Auto nach Mogelsberg. Auf der Autobahn Richtung St. Gallen wurde mir schon bei Winterthur eng ums Herz. Bei der Ausfahrt Wil fuhren wir prompt in die falsche Richtung, kehrten um, Richtung Wildhaus, bis wir nach vielen Kurven, Abzweigungen und dem völligen Verlust des Orientierungs- sinns den Wegweiser «Luftkurort Mogelsberg» sahen. Dann die Strasse hinauf, viele Kurven, der Dorfein- gang, ein hoher Kirchturm, und wir bogen auf den Dorfplatz mit Dorfbrunnen vor der Kirche ein. Vor uns ein riesiger, mächtiger, herrschaftlicher Holzbau, mächtiger gar als die Kirche: das «Rössli».

Ich hatte mir als Wunschbetrieb immer ein kuscheliges, kleines Restaurant vorgestellt. Nun wäre ich am liebsten gleich wieder abgefahren und hätte so schnell wie möglich dieses Riesenhaus, dieses abgele- gene Dorf, das Toggenburg, die ganze Ostschweiz hinter mir gelassen. Doch es blieb mir nichts anderes übrig, als mit den anderen auszusteigen.

Wir betraten das Haus über die stattliche Freitreppe, öffneten die schwere Eichentüre, und ich erlebte den nächsten Schock: Im Inneren präsentierte sich das grosse, prächtige Haus eng, das Restaurant war klein mit rauchgefärbtem Täfer an den Wänden, schrecklichen Lampen, düsteren Vorhängen. Die Wirtsleute aber waren sehr nett und äusserst sympathisch.

Es stellte sich heraus, dass sie einen Interessenten hatten, der sie ständig bestürmte und auf Eile drängte, und dass sie nun so rasch wie möglich verkaufen wollten. Wir konnten uns eine Bedenkzeit von einem Monat aushandeln.

So war es um uns geschehen. Ich liess mich überreden, sagte Ja, obwohl ich das eigentlich nie gewollt hatte, liess mich mitziehen, obwohl sich alles in mir sträubte. Einen Monat später hatten wir den Kaufvertrag unterschrieben. Ein halbes Jahr später eröffneten wir das «Rössli» als selbstverwalteten Betrieb, als erste «Alternativbeiz», «Kultur-Restaurant» und «Ökohotel» der Region.

Mittlerweile sind alle anderen Mitbegründer längst weg, nur ich bin immer noch da. So hat mich dieses Haus gewählt. Doch es dauerte noch viele Jahre, bis ich mich wirklich bewusst und mit Überzeugung fürs «Rössli» entschied.

Das alte, traditionsreiche Gasthaus beherbergt heute einen modernen Betrieb. Die Verbindung von Tradition und Innovation, Alt und Neu macht den Charme des «Rössli» aus.

... und wie ich im «Rössli» blieb

Nachdem ich schon fünfzehn Jahre im «Rössli» war, wurde von mir die Entscheidung gefordert.

Ein guter langjähriger Freund fragte mich an, ob ich mit ihm ein Restaurant in Zürich übernehmen wollte. Ich sollte die Restaurantleitung übernehmen, er die Küche führen. Da ich zu diesem Zeitpunkt in meinem Privatleben an einem Scheideweg stand, war für mich alles offen. Ich fuhr also nach Zürich und schaute mir das Restaurant an. Es war ein tiefgreifendes und schockierendes Erlebnis für mich, entsprach doch das Restaurant genau meinen Träumen, jener Vision, die ich vor vielen Jahren von «meinem» Traumrestaurant gehabt hatte. Es lag mitten in der Altstadt, in einem uralten Haus, war klein, putzig, gemütlich, mit einem wunderschönen kleinen «Stübli» im Obergeschoss.

Ich war total verwirrt. Der Boden wurde mir unter den Füssen weggezogen. Ich meldete mich aus der Realität ab und besuchte zwei Wochen lang einen Fastenkurs mit Zenmeditation, mit dem Ziel, in diesen zwei Wochen ohne äussere Einflüsse, ohne Ablenkung mit meinen Gefühlen, Gedanken, Wünschen klar zu kommen. Während dieser zwei Wochen, die ich in Schweigen und Meditation verbrachte, nahm in meinem Inneren langsam ein wunderbares Bild Gestalt an: Das «Rössli» erschien mir gross und erhaben auf einem Berg zu stehen und strahlte von dort oben hell und grossartig in die Welt aus. Es war ein Zentrum der Kraft. Am Ende der zwei Wochen war mein Entscheid gefällt. Ich fuhr freudig nach Hause im Wissen, dass im «Rössli» mein Platz ist. Und von diesem Moment an änderte sich alles.

Mein Entscheid zog Auseinandersetzungen, Streitigkeiten, Verletzungen, Trennungen nach sich. Doch am Ende war ich endlich dazu bereit, meinen Platz einzunehmen, meine Führungsrolle anzunehmen. Da ich ein ausgesprochener Team-Mensch bin und nur in einer Gruppe von Menschen wirklich gut arbeiten und mich wohl fühlen kann, fiel mir das sehr schwer. Mit der Zeit stellte ich aber fest, dass ich durchaus eine Führungsrolle übernehmen und trotzdem im Team integriert sein konnte. Dabei spürte ich, wie eine ungeahnte Energie frei wurde, die ich für mich, das Team und den Betrieb nutzen konnte.

Seither gab es noch viel Auf und Ab und wird es sicherlich auch weiter geben. Doch ich fühle mich hier immer noch am richtigen Platz. Seit einigen Jahren führen wir das «Rössli» nun zu zweit als Frauenteam. Die Arbeit macht Freude, es entwickeln sich immer wieder neue Perspektiven und Projekte. Und das «Rössli» strahlt weiterhin in die Welt hinaus …

Eine der Herausforderungen besteht darin, jeden Tag von Neuem die Aufmerksamkeit auf die Details zu richten. Es sind oft Kleinigkeiten, die eine Stimmung erzeugen und ein Haus unvergesslich machen.

Wie ich zum Kochen kam und dabei blieb

Als ich jung war, dachte ich immer, ich könne überhaupt nicht kochen. Wenn mir ein Gericht gelang, schrieb ich das eher Zufall und Anfängerglück zu. Dann sah ich mich durch äussere Umstände im Betrieb dazu gezwungen, vom Service in die Küche zu wechseln und die Leitung der «Rössli»-Küche zu übernehmen.

Jetzt begann ich mich intensiv mit Ernährung, Kochen, Lebensmitteln, gutem Essen zu befassen und merkte, dass ich mit riesigem Elan und einer unerwartet grossen Freude ans Werk ging. Das Kochen machte mir Spass! Ich wunderte mich selbst darüber. Ich las unzählige Kochbücher, befasste mich mit den Grundlagen der Küche, mit Vollwertküche und Ernährungslehre, schaute mir unzählige Fotos von Gerichten an, und vor allem ging ich auswärts essen, in gute, sehr gute und noch bessere Restaurants. Ich übte mich in der Beurteilung von Geschmacksnuancen, Gerichten, ungewohnten Kombinationen. Zuhause experimentierte und variierte ich dann mit Zutaten und Gewürzen, übertrug das Geschmeckte und Erblickte auf andere Gerichte und entwickelte so eine feine Sensorik und eine sichere Urteilsfähigkeit.

Eines jedoch wurde mir schnell klar: Ich wollte nicht mit exotischen, teuren Zutaten kochen, wie ich sie in den gehobenen Restaurants gegessen hatte. Mich interessierten die regionalen, saisonalen Produkte. Es faszinierte mich, mit einfachen, günstigen, gewöhnlichen Ausgangsprodukten etwas Spezielles, Aussergewöhnliches zu kreieren. Dabei bin ich bis heute geblieben.

Mit regionalen und saisonalen Produkten zu kochen, erfordert Kreativität.

Immer klarer wurde mir dabei bewusst, wie wichtig ständige Aufmerksamkeit und Sorgfalt sind. Dies ist – neben der Qualität der Produkte – das Allerwichtigste. Auch beim tausendsten Risotto, den ich koche, muss die Aufmerksamkeit die gleiche sein wie beim ersten. Den genauen Garpunkt zu erreichen, die genau richtige Menge Salz zu verwenden, nicht zu viel, nicht zu wenig – dies sind die Details, die ein Gericht schliesslich unvergesslich machen. Es sind Welten zwischen einem Gericht, das genau richtig gewürzt und gekocht wurde, und einem, dem nur ein kleines Bisschen Salz fehlt, das ein kleines bisschen zu lange in der Pfanne war. Es sind diese kleinen Details, die die Grösse des Ganzen ausmachen.

Diese stete Aufmerksamkeit und Sorgfalt zu üben, ist nicht nur eine Schule des Kochens, sondern auch eine Schule des Lebens.

Je länger ich kochte, desto mehr begann ich zu reduzieren. Gewürze verwende ich nur noch äusserst sparsam und praktisch nur, wenn das Gewürz die Hauptrolle spielt, zum Beispiel in einer Sauce. Ansonsten reichen mir Meersalz, Gemüsebouillon und Fett, sei es Rahm, Butter oder Öl, ab und zu etwas schwarzer Pfeffer aus der Mühle. Fett und Salz verstärken den Eigengeschmack der Lebensmittel, ohne ihn zu verfremden. Bei gewissen Gerichten benutze ich ein bestimmtes Gewürz, entweder um den Eigengeschmack zu verstärken oder umgekehrt, um eine Eigenart, die mir nicht gefällt, aufzuheben oder zumindest abzuschwächen. So nimmt zum Beispiel Muskatnuss oder Koriander Kohlgemüsen den extrem ausgeprägten Geschmack, oder Anis unterstützt und erfrischt das Eigenaroma von Karotten.

Balken auf Balken – im sogenannten Strickbau – ist das «Rössli» gebaut. Eine handwerkliche Meisterleistung, der wir höchsten Respekt zollen. Das ganze Haus wurde baubiologisch renoviert

Einfachheit, Natürlichkeit und ein liebevoller Umgang mit Gästen, Mitarbeitenden, Haus, Einrichtung, Geräten, Lebensmitteln und Ressourcen prägen die Philosophie.

Die zwölf Energien

Die Zahl zwölf nimmt eine wichtige Stellung in Mythologie, Kultur, Mathematik und Geschichte ein. Die Energien in den zwölf Monaten oder Mondumläufen eines Jahreszyklus sind sehr unterschiedlich. Wir finden sie auch in den entsprechenden Sternzeichen wieder. Die den einzelnen Monaten zugeordneten Gerichte beziehen sich auf das, was die Natur im Jahreslauf in unseren Breitengraden zu bieten hat. Bei unserer heutigen global vernetzten Lebensweise ging das Empfinden für diese Energien weitgehend verloren, ist doch mittlerweile alles zu jeder Zeit verfügbar.

Dieses Kochbuch soll dazu anregen, die unterschiedlichen Energien zu spüren und spielerisch mit ihnen zu experimentieren.

Das Team ist das wichtigste Kapital des Betriebs. Ein gutes Zusammenspiel und Freude an der Arbeit erzeugen eine angenehme Stimmung bei Mitarbeitenden und Gästen.

Die Menüs und Rezepte

Jedes Menü besteht aus fünf Gängen, so wie wir sie im «Rössli Mogelsberg» unseren Gästen präsentieren. Die Desserts habe ich vereinfacht, um sie den Bedürfnissen der privaten Küche anzupassen. Während wir im «Rössli» zu jedem Menü einen Dessertteller, bestehend aus zirka acht kleinen Häppchen, servieren, beschränke ich mich hier in jedem Menü auf ein einziges Dessert.

Die Menüs entsprechen den Monaten im Jahreslauf. Der Grossteil der Zutaten stammt aus der Region, Gemüse und Früchte aus der jeweiligen Jahreszeit. In den Wintermonaten, wenn die Natur bei uns schläft, finden aber auch vereinzelt exotische Zutaten Verwendung.

Die Rezepte sind für 4 Personen berechnet. Sie sind alle sehr einfach zuzubereiten, und die meisten nehmen nicht allzu viel Zeit für die Zubereitung in Anspruch.

Ich bin ein eher bequemer Mensch und strenge mich nicht gerne unnötig an. Daher reduziere ich in der Regel die Rezepte so lange, bis sie möglichst einfach sind und die Zubereitung nicht viel Arbeit verursacht. Mit möglichst geringem Aufwand ein möglichst exzellentes Resultat zu erreichen, gefällt mir.

Ich arbeite mit qualitativ hochstehenden biologischen, vorwiegend regionalen und saisonalen Produkten. Am liebsten ist es mir, wenn ich die Produzenten persönlich kenne, was allerdings nicht immer möglich ist. Bei der Auswahl der Produkte darf der Preis nur eine untergeordnete Rolle spielen. So ist zum Beispiel der biologische Käsereirahm, mit dem wir alle unsere Speisen – von Desserts über Vorspeisen bis zu Saucen und Suppen – zubereiten, von so ausgezeichneter Qualität und einem so wunderbaren Geschmack, dass ich dem Käser dafür gerne den doppelten Preis eines gewöhnlichen Produkts bezahle.

Die stürmische Kraft des Frühlings

April ist der Frühlingsmonat, der Monat des Neubeginns. Die Natur erwacht, und mit ungemeiner, kämpferischer Kraft drängen die Pflanzen ans Licht – durch die Erde, an Steinen und Ästen vorbei, durch verwelkte Blätter hindurch. Für viele Tiere ist jetzt die Zeit der Paarung, die durchaus auch mit Kämpfen und oft blutigen Auseinandersetzungen einhergehen kann.

Der April entspricht dem Sternzeichen Widder. Dieser steht für Erneuerung, Pioniergeist, Sturm und Drang, Zeugungskraft, männliche Sexualität, Spontaneität, Kampf, Feuer und Blut.

April-Gerichte sind intensiv, kräftig, feurig, scharf, aphrodisierend und frühlingshaft. Dazu passen Morcheln, Bärlauch, Knoblauch, Zwiebeln, Brennnesseln, Wildkräuter, Kresse, Radieschen, Rettich, intensive, feurige Gewürze, Pfeffer, Chili, Spirituosen, Raubfische und rotes, blutiges Fleisch.

Das April-Menü

Weisse Spargeln auf Frühlingssalat mit Bärlauch

Grilliertes Hechtfilet in Kresseschaum

Frische Morcheln im Brennnesselomelett mit Radieschensauce

Entrecôte mit Pfeffersauce, Grappa-Risotto und karamellisierten Frühlingszwiebeln

Blutorangenparfait

Weisse Spargeln auf Frühlingssalat mit Bärlauch

Mit seiner leichten Bitterkeit und Schärfe ein wunderbarer appetitanregender Auftakt.

**1 kg Spargeln
(ca. 12 Stangen)
4 l Wasser
Meersalz**

**Frühlingssalat
12 Bärlauchblätter
verschiedene
Frühlingssalate und
Wildkräuter
Salatsauce
(siehe Grundrezept
Seite 162)
4 Radieschen und
Wildblüten als Garnitur**

Die Spargeln schälen und in kleinfingergrosse Stücke schneiden, sehr dicke Stangen eventuell längs halbieren. Wasser mit Meersalz zum Kochen bringen. Die Spargeln ins kochende Wasser geben und je nach Dicke der Spargeln etwa 8 Minuten garen; sie sollten weich sein, aber noch Biss haben. Schmecken sie beim Probieren bitter, benötigen sie noch ein paar Minuten mehr; die Bitterkeit verliert sich, wenn die Spargeln genügend lang gekocht sind.

Den Bärlauch in feine Streifen schneiden, mit den Salaten und Wildkräutern mischen und mit Salatsauce anrühren.

Die abgegossenen, noch warmen Spargelstücke in ganz wenig Salatsauce wenden und auf dem Frühlingssalat anrichten. Mit fein geschnittenen Radieschen und Wildblüten garnieren.

Tipps

• Die Spargeln (am besten einheimische, allenfalls aus anderen europäischen Ländern) sollten möglichst frisch sein; je älter, desto bitterer werden sie. Die Frische erkennt man daran, dass die Schnittstelle noch feucht ist; diese darf auf keinen Fall braun oder gar schimmlig sein. Die Spargeln müssen vor allem im unteren Drittel sehr gut geschält werden. Nach dem Schälen erscheinen sie wie mit feinen Wassertröpfchen überzogen.
• Das Spargelkochwasser sollte angenehm salzig schmecken, sodass man es auch trinken könnte.
• Wenn Sie nur die Spitzen verwenden möchten, benötigen Sie mehr Spargeln. Mit dem Rest der Spargeln können Sie eine Suppe oder eine Terrine (siehe Rezept Seite 42) zubereiten.

• Für den Frühlingssalat können Sie einen normalen frischen Salat aus dem Laden oder Supermarkt mit etwas Brunnenkresse, Rucola, Nüsslisalat und Portulak ergänzen. Oder Sie sammeln verschiedene Wildkräuter und Wildblüten im Garten, auf der Wiese und im Wald. Gut für einen Salat geeignet sind: Löwenzahn, Spitzwegerich, Bärlauch, Knoblauchrauke, Scharbockskraut, Teufelskralle, Schlüsselblumen, Bachkresse, Wiesenschaumkraut, Gänseblümchen, Primeln, Veilchen, Taubnesseln, Gänsefingerkraut, Sauerampfer, Sauerklee und viele mehr. Von all diesen Wildkräutern können sowohl Blätter wie auch Blüten genossen werden. Die Blätter werden vor der Blüte gepflückt, da später die Kraft der Pflanze in die Blüten geht.
• Zum Wildkräutersalat passen auch sehr gut gekochte Eier: Die Eier 8 Minuten kochen, schälen, noch warm fein hacken und auf dem Salat verteilen.

Grilliertes Hechtfilet in Kresseschaum

400 g Hecht,
in Filetstücke geschnitten
wenig Erdnussöl zum Braten
weisses Meersalz
und schwarzer Pfeffer
aus der Mühle

Kressesauce
3 EL gekochter Reis
400 ml konzentrierte (stark
gesalzene) Gemüsebouillon
2 TL Sonnenblumenöl
1 TL Butter
30 g Gartenkresse,
gewaschen, abgetropft
100 ml Rahm, geschlagen

Die Grillpfanne stark erhitzen, mit wenig Erdnussöl bepinseln und die Fischfilets sofort hineinlegen. Mit Meersalz und Pfeffer würzen und auf beiden Seiten je nach Dicke insgesamt 5–8 Minuten gut anbraten. Das scharfe Anbraten verleiht dem Fisch einen schönen «Feuergeschmack».
Für die Sauce den bereits gekochten Reis in der Bouillon nochmals sehr weich kochen. Mit Öl, Butter und Kresse im Mixer fein pürieren. Durch ein Haarsieb streichen, zurück in den Topf geben und abschmecken. Zum Schluss den Schlagrahm darunterziehen. Die Sauce darf dann nicht mehr kochen, sonst verliert sie ihre leuchtend grüne Farbe.

Tipps
• Hecht ist einer der besten einheimischen Fische; seine grossen, mit Widerhaken versehenen Gräten lösen sich allerdings im rohen Zustand nicht gut und lassen sich erst im gekochten Zustand sauber entfernen. Das kräftig schmeckende, zarte und sehr weisse Fleisch entschädigt aber für die Mühe des Entgrätens. Wer die Gräten scheut, kann statt Hecht auch Zander verwenden, ebenfalls ein Süsswasser-Raubfisch.
• Auf dem offenen Feuer gegrillt, wird der Feuergeschmack noch stärker.
• Für die Sauce kann die Gartenkresse auch durch Brunnen- oder Bachkresse ersetzt werden.

Morcheln im Brennnesselomelett mit Radieschensauce

Morcheln im Brennnesselomelett mit Radieschensauce

100 g frische Morcheln
100 ml Vollrahm
¼ TL Gemüsebouillonpaste

Brennnesselomelett
100 g Brennnesseln,
gewaschen
4 Eier
1 Msp. Meersalz
schwarzer Peffer
aus der Mühle
1 EL Butter

Radieschensauce
14 Radieschen,
4 davon als Garnitur
1 TL Butter
120 ml konzentrierte (stark
gesalzene) Gemüsebouillon
50 ml Vollrahm
4 Körner rosa Pfeffer

Die Morcheln unter fliessendem kaltem Wasser gründlich abbrausen, um sämtliche Sandrückstände zu entfernen. Die Morcheln quer in etwa 3 mm dicke Scheiben schneiden. Die Pilze im Rahm mit der Bouillonpaste aufkochen und zugedeckt mindestens 10 Minuten leise köcheln lassen.

Reichlich Wasser mit Salz aufkochen (es sollte wie Meerwasser schmecken, also etwas zu salzig zum Trinken). Die Brennnesseln hineingeben und etwa 5 Minuten gut weich kochen. Abgiessen, kalt abschrecken, gut auspressen und fein hacken. Die Eier mit einer Gabel mit Meersalz und Pfeffer verquirlen und die Brennnesseln daruntermischen. In einer nicht zu grossen beschichteten Bratpfanne etwas Butter aufschäumen lassen und aus dem Brennnesselteig nacheinander vier kleine Omeletten ausbacken. Die Omeletten bis zum Anrichten warm halten.

Für die Sauce die Radieschen für die Garnitur in feine Stäbchen schneiden und beiseite legen. Die übrigen Radieschen in Scheibchen schneiden, in der Butter andünsten, mit der Gemüsebouillon auffüllen, Rahm und Pfefferkörner dazugeben und alles zusammen köcheln lassen, bis die Radieschen weich sind. Alles im Mixer auf höchster Stufe fein pürieren. Durch ein Haarsieb zurück in den Topf giessen, abschmecken und zuletzt nochmals kurz aufkochen lassen; die Sauce erhält dadurch eine zartrosa Farbe.

Auf jeden Teller ein Omelett legen, die Morcheln darauf verteilen und die Omeletten wie Tüten zusammenfalten. Mit der Radieschensauce umgiessen und mit den beiseite gelegten rohen Radieschen garnieren.

Tipp
• Wer die entsprechenden Plätze in der Natur kennt, kann neben Wildpflanzen und -blüten auch Morcheln und Brennnesseln sammeln. Morcheln sind allerdings für ungeübte Augen im erwachenden Frühlingswald zwischen Gräsern, Moos, Blättern, Erde und Steinen nur schwer zu entdecken. Wenn man auf gekaufte Morcheln ausweicht, ist im April die beste Saison dafür. Morcheln kann man auch sehr gut trocknen, ihr Aroma wird dadurch sogar intensiviert. Getrocknete Morcheln müssen vor dem Kochen eingeweicht werden. Ich verwende dann das Einweichwasser für die Sauce, da es sehr intensiv nach Morcheln schmeckt.
• Zur selben Zeit wie die Morcheln aus dem Boden schiessen, sind auch die Brennnesseln am besten, nämlich noch jung und zart. Man fasst sie am besten an der Spitze – das geht ohne Handschuhe – und schneidet sie mit einer Schere ab.
• Damit die Radieschensauce ihre rosa Farbe erhält, muss sie kurz aufkochen. Von einer farblosen Masse wird sie so zu einer wunderschön rosafarbenen Sauce.

Entrecôte mit Pfeffersauce

600 g Entrecôte,
in 4 gleichmässige,
ca. 2 cm dicke Stücke
geschnitten
1 EL Öl
Salz und Pfeffer
aus der Mühle
1 TL Chilipaste (Sambal
Oelek oder Harissa)
rosa Pfefferkörner
als Garnitur

Pfeffersauce

½ EL grüne Pfeffer-
körner in Salzlake,
abgetropft
½ TL schwarze
Pfefferkörner
½ TL rosa
Pfefferkörner
1 kleine Zwiebel,
fein geschnitten
1 EL Olivenöl
200 ml Rotwein
100 ml Rindsfond
1 gestrichener TL
Gemüsebouillonpaste
100 g Butter

Die Entrecôtes mit dem Handballen etwas flach drücken. Eine Bratpfanne oder Grillpfanne stark erhitzen. Sobald die Pfanne richtig heiss ist, das Öl darin verteilen. Das Fleisch salzen, pfeffern und mit der Chilipaste bestreichen und sofort in die Pfanne geben. Auf der ersten Seite bei unveränderter Hitze 2 Minuten anbraten, dann die Hitze etwas reduzieren, das Fleisch wenden und auf der zweiten Seite noch 1 Minute weiterbraten. Das Fleisch sollte auf Fingerdruck weich nachgeben (es ist dann innen noch blutig). Wer es nicht so blutig mag, brät es auf beiden Seiten je 1 Minute länger, dann ist es innen noch rot, aber nicht mehr blutig. Soll es noch stärker durchgebraten sein, auf beiden Seiten noch etwas länger in der Pfanne lassen, dabei aber unbedingt die Hitze reduzieren, damit das Fleisch gleichmässig durchgebraten wird. Bei zu grosser Hitze wird es aussen grau und hart.

Für die Sauce die drei Sorten Pfefferkörner im Mörser zerdrücken. Zusammen mit der Zwiebel im heissen Öl gut anbraten, bis diese gebräunt ist. Mit dem Rotwein ablöschen und stark einkochen, den Fond dazugeben und wiederum einkochen. Dann die Bouillonpaste einrühren. Die Sauce durch ein Haarsieb in einen sauberen Topf umgiessen, erneut aufkochen und unter ständigem Rühren mit dem Schwingbesen die Butter einrühren, bis eine sämige Sauce mit schönem Glanz entstanden ist. Sofort mit dem Fleisch servieren. Dieses nach Belieben mit rosa Pfefferkörnern garnieren.

Tipps

• Die Entrecôtes sollte mindestens 1½–2 cm dick geschnitten werden. Falls die Stücke zu gross werden, halbieren Sie das Entrecôte der Länge nach.

• Die verschiedenen Pfeffersorten geben der Sauce ein komplexes Aroma. Statt im Mörser können die Pfefferkörner auch mit einem grossen Messer mit breiter Klinge zerdrückt werden.

Grappa-Risotto

Einen Risotto mit Knoblauch zubereiten (siehe Grundrezept Seite 163). Sobald der Reis gar ist, einen Schuss guten klaren Grappa dazugeben und solange weiter erhitzen, bis der Alkohol verdunstet ist. Zuletzt etwas geschlagenen Rahm daruntermischen und den Risotto sofort servieren.

Tipps

• Die Qualität des Reises ist die Grundlage für jeden guten Risotto. Die Reiskörner müssen rund, nicht zu klein und möglichst ganz sein. Billiger Risottoreis enthält viele zerbrochene Körner, die den Risotto breiig machen.

• Den Grappa gebe ich erst ganz am Schluss zum Risotto, damit sein Aroma und sein Duft voll zur Geltung kommen. Damit sich der Reis nicht verfärbt, sollte es ein klarer Grappa sein.

• Der Risotto kann, bevor er ganz fertig gekocht ist und sobald die Flüssigkeit vom Reis aufgesogen ist, problemlos beiseite gestellt werden. Er braucht dann vor dem Servieren nur nochmals mit etwas Flüssigkeit aufgekocht und fertiggestellt zu werden.

Karamellisierte Frühlingszwiebeln

1 EL Butter
4 Bund Frühlingszwiebeln,
geputzt, grüner Teil
entfernt, grössere
längs halbiert
½ TL Kräutermeersalz
½ TL Zucker
1 Schuss Noilly Prat
(trockener Wermut)
100 ml Wasser

Die Butter in einer weiten beschichteten Pfanne aufschäumen lassen. Die Zwiebeln nebeneinander hineinlegen, mit Meersalz und Zucker bestreuen und auf beiden Seiten leicht anbraten. Noilly Prat und Wasser dazugeben und die Zwiebeln zugedeckt auf kleinem Feuer dünsten, bis alle Flüssigkeit verdunstet ist und die Frühlingszwiebeln ganz leicht karamellisiert, aber noch nicht gebräunt sind. Die Zwiebeln wenden und auf der anderen Seite ebenfalls leicht karamellisieren.

Tipp

Frühlingszwiebeln sind ein wunderbares Frühlingsgemüse. Aus dem grünen Teil mache ich eine Suppe oder eine Sauce zu Fisch oder zu einem vegetarischen Gericht. Ganz fein geschnitten geben die rohen grünen Stängel Salaten eine frühlingshafte Würze.

Blutorangenparfait

140 g Zucker
5 Eigelb
½ l Blutorangensaft,
frisch gepresst,
vorzugsweise von
Tarocco-Orangen
40 g schwarze Schokolade,
grob gehackt
300 ml Vollrahm
ausgelöste Orangenfilets
und in feine Streifen
geschnittene Datteln
als Garnitur

Zucker und Eigelbe mit dem Handrührgerät schaumig schlagen, bis eine dicke, hellgelbe Masse entstanden ist. Den Orangensaft und die grob gehackte Schokolade darunterrühren. Den Rahm beifügen und die fertige Masse in der Eismaschine gefrieren lassen. In eine Form füllen und bis zur Verwendung einfrieren.
Für die Zubereitung ohne Eismaschine: Den Rahm steif schlagen und am Schluss unter die Masse ziehen. In einer Schüssel oder Form gefrieren lassen. Die Form eine Viertelstunde vor dem Servieren aus dem Gefrier nehmen und mit einem Eisportionierer oder einem in heisses Wasser getauchten Löffeln Nocken abstechen.
Das Parfait mit Orangenfilets und in feine Streifen geschnittenen Datteln anrichten.

Tipps

• Die Schokoladenstücke müssen im fertigen Parfait als knackige Krümel wahrnehmbar sein und sich vom sämigen Eis abheben. Sie dürfen also ziemlich grob geschnitten sein.
• Im Restaurant bereiten wir alle Parfaits in der Eismaschine zu, da sie auf diese Weise eine schön sämige Konsistenz erhalten.
• Tarocco-Orangen sind meine absoluten Favoriten: Sie sind säuerlich und doch süss und haben eine wunderschöne Farbe, die von Hellorange bis Dunkelrot variiert.

Mai

Das Wachsen und Blühen in der Natur

Alles grünt und blüht. Die Natur ist jetzt in vollem, üppigem Wachstum. Sie zeigt sich in zartem Grün, farbiger Blumenpracht, betörenden Düften. Es ist die Zeit der Sinnesfreuden.

Der Mai entspricht dem Sternzeichen Stier. Dieser ist der Geniesser im Tierkreis. Er isst und trinkt gerne viel und gut und ist ein grosser Verfechter der einheimischen, saisonalen, natürlichen Küche. Er ist erdverbunden, sinnlich und orientiert sich eher an traditionellen Werten.

Mai-Gerichte sind grün, erdig, nährend, üppig, deftig, schön, natürlich, blumig, duftend und sinnlich. Dazu passen essbare Blumen, grüne Frühlingsgemüse, Wurzeln, Löwenzahn, Spargeln, Erdbeeren, Rhabarber und Rahm, aber auch Währschaftes wie Braten, Kartoffeln, Teigwaren.

Das Mai-Menü

Spinatköpfchen mit Frühlingssalat und Wildblüten

Süsswasserfische mit Frühlingszwiebelsauce

Spargeln in Schnittlauchrahmsauce auf frischen Nudeln

Rindsschmorbraten mit Lauch-Kartoffel-Püree

Tiramisù

Spinatköpfchen

250 g Spinat, verlesen,
gewaschen
Meersalz
3 Eier
60 ml Rahm
1 Msp. Muskatnuss
weiche Butter
für die Förmchen

Den Spinat in stark gesalzenem Wasser weich kochen, kalt abschrecken, auspressen und grob hacken.

Eier, Rahm, Muskatnuss und Salz nach Bedarf mit dem Schwingbesen verrühren. Vorsichtig salzen, da der Spinat schon gesalzen ist. Den Spinat daruntermischen.

Kleine Timbaleförmchen mit Butter auspinseln oder den Boden der Förmchen einölen und mit passend zugeschnittenem Backpapier auslegen. Die Masse einfüllen. Die Förmchen in eine mit einigen Lagen Zeitungs- oder Haushaltpapier ausgelegte Gratinform stellen und bis zu zwei Dritteln der Höhe der Förmchen kochend heisses Wasser einfüllen. Im vorgeheizten Ofen bei 170 Grad 30–40 Minuten im Wasserbad pochieren, bis die Masse fest ist.

Tipps

• Statt Timbaleförmchen können auch Kaffeetassen verwendet werden.

• Die Timbales können auch im Kombisteamer bei 80 Grad (mit 100 Prozent Dampf) etwa 15 Minuten gegart werden.

• Ich serviere das Spinatköpfchen zusammen mit einem schönen Frühlingssalat, z.B. einem jungen Kopfsalat, den ich mit Frühlingsblüten wie roten und gelben Taubnesseln, Veilchen, Schlüsselblumen, Scharbockskraut, Gänseblümchen, Bärlauchblüten, Wiesenschaumkraut, Bachkresse oder dem, was gerade in Wald, Wiese und Garten blüht, ergänze. Achten Sie darauf, dass auf die Wiesen und Waldränder, wo Sie pflücken, noch kein Mist oder Gülle ausgebracht wurden. Die Blüten mische ich unter den Salat, einige besonders schöne Exemplare können auch zur Dekoration verwendet werden. Besonders schön wirken gezupfte Löwenzahnblüten.

Forelle und Zander in Butter gebraten

150 g Zanderfilet
150 g Forellenfilet
1 TL Butter
weisses Meersalz

Die Fischfilets jeweils in 4 Portionen schneiden und salzen.

In die aufschäumende Butter zuerst die Zanderfilets geben und langsam braten: zirka 3 Minuten auf der ersten Seite, dann wenden und auf der zweiten Seite nochmals etwa 2 Minuten. Gleichzeitig mit dem Wenden der Zanderfilets die Forellenfilets in die Pfanne geben und zuerst auf der Hautseite braten. Kurz bevor beide Fische gar sind, die Forellenfilets wenden und auf der zweiten Seite nur noch ganz kurz warm werden lassen.

Tipp
Statt Forelle und Zander können auch andere Süsswasserfische verwendet werden. Ich kaufe den Fisch immer je nach Angebot, möglichst aber Schweizer Fisch.

32

Forelle, Zander und Hechtklösschen mit Frühlingszwiebelsauce

Hechtklösschen

50 g Hechtfilet, entgrätet,
klein geschnitten
50 ml Vollrahm
wenig Zitronensaft
weisses Meersalz

Wasser, Meersalz und
Zitronensaft zum Pochieren

Das Hechtfilet mit allen anderen Zutaten im Cutter
(Blitzhacker) kurz ganz fein zerkleinern. Es sollte
eine kompakte gebundene Masse entstehen
(siehe Tipps).
Genügend Wasser mit Salz und etwas Zitronensaft
zum Kochen bringen, dann den Topf etwas vom
Feuer ziehen. Mit zwei Esslöffeln etwas Hecht-
masse abstechen und Klösschen formen, diese in
das heisse Wasser legen (wichtig: das Wasser darf
nicht mehr kochen!) und je nach Grösse 5–10
Minuten pochieren. Die Klösschen mit einer Siebkelle aus dem Wasser heben, in der Kelle auf Haushaltspapier gut abtropfen lassen und dann die
Klösschen auf der Sauce anrichten.

Tipps
• Am besten lassen Sie die Gräten bereits vom
Fischhändler entfernen. Für die Herstellung von
Klösschen spielt es keine Rolle, wenn durch das
Entfernen der grossen mit Widerhaken versehenen
Gräten das Fischfleisch nicht mehr so schön aus-
sieht.
• Für das Gelingen der Klösschen ist es sehr
wichtig, dass Fisch und Rahm sehr kalt sind.
Ausserdem muss das Cuttern sehr schnell gehen,
da sonst durch die dabei entstehende Reibungs-
wärme die Masse auseinanderfällt und später
beim Pochieren nicht bindet.

Frühlingszwiebelsauce

200 g Frühlingszwiebeln,
mit Grün
200 ml milde Gemüse-
bouillon
1 TL Butter
4 EL Vollrahm

Etwas Frühlingszwiebelgrün als Garnitur beiseite
legen. Die restlichen Frühlingszwiebeln fein
schneiden und in mild gesalzenem Wasser weich
kochen. Abgiessen und kalt abschrecken. Dann mit
der lauwarmen Gemüsebouillon und der kalten
Butter im Mixer fein pürieren. Durch ein Haarsieb
in einen sauberen Topf giessen, den Rahm dazugeben, kurz erhitzen und abschmecken. Die Sauce
darf ziemlich dick sein. Damit die Farbe erhalten
bleibt, die fertige Sauce nicht mehr kochen lassen.

Spargeln in Schnittlauchrahmsauce auf frischen Nudeln

**Spargeln in
Schnittlauchrahmsauce**
1 kg Spargeln, geschält
Meersalz
100 ml Spargelkochwasser
200 ml Rahm
evtl. wenig Gemüse-
bouillonpaste
1 Bund Schnittlauch,
fein geschnitten

150 g breite Nudeln
(nach Grundrezept Seite 163,
mit 1 Ei zubereitet)
8 schöne Schnittlauch-
spitzen und nach Belieben
4 Blüten als Garnitur

Die Spargeln in kleinfingergrosse Stücke
schneiden, sehr dicke Stangen längs halbieren.
Die Spargeln in kochendem Salzwasser garen.
Falls weisse und grüne verwendet werden, zuerst
die weissen, dann die grünen; weisse Spargeln
je nach Dicke 7–10 Minuten, grüne 5–7 Minuten
kochen. Sie sollten weich sein, aber noch Biss
haben. Schmecken sie beim Probieren bitter,
benötigen sie noch ein paar Minuten mehr; die
Bitterkeit verliert sich, wenn die Spargeln
genügend lang gekocht sind.

Für die Sauce vom Spargelkochwasser 100 ml
abnehmen. Mit dem Rahm und falls nötig wenig
Gemüsebouillonpaste vermischen und etwas
einkochen lassen. Die gekochten Spargeln möglichst direkt aus dem Kochwasser zur Sauce
geben und zuletzt den Schnittlauch hinzufügen.

Die Nudeln in Salzwasser weich kochen
(ca. 2 Minuten). Abschütten, gut abtropfen lassen
und sofort auf die Teller verteilen. Die Spargeln
mit der Sauce über die Nudeln geben und sofort
servieren.

Tipps
• Frische hausgemachte Nudeln schmecken
unvergleichlich gut. Da ihre Herstellung etwas Zeit
braucht, bereite ich sie daher immer im Voraus
zu. Eine Nudelmaschine (es kann auch eine kleine,
handbetriebene sein) leistet dabei wertvolle
Dienste. Frische hausgemachte Nudeln können
übrigens viel Sauce aufsaugen.

• Ob grüner oder weisser Spargel besser
schmeckt, ist eine alte Streitfrage. Ich persönlich
liebe den Geschmack des weissen Spargels über
alles. Hingegen sieht der grüne Spargel auf den
hellen Nudeln besser aus. In jedem Fall müssen die
Spargeln sehr frisch sein (siehe dazu die Tipps
Seite 18).
Je frischer, desto feiner ist ihr Aroma. Auch grüne
Spargeln werden geschält; einzig die feinen wilden
Spargeln schält man nicht, da sie viel zu dünn
dafür sind. Die harten Enden werden grosszügig
weggeschnitten.

Rindsschmorbraten

800 g Rindshohrücken
2 EL Erdnuss- oder
Olivenöl
2 Karotten, geschält,
grob geschnitten
1 Zwiebel,
grob geschnitten
1 kleine Stange Lauch,
geputzt, grob geschnitten
½ Knolle Sellerie,
geschält, grob geschnitten
1 Lorbeerblatt
1 TL getrockneter
Rosmarin
1 EL Tomatenmark
½ l Rotwein
½ l Gemüsebouillon
100 g Butter, kalt

Das Fleisch in einem Bräter im heissen Öl anbraten. Sämtliche Gemüse, Rosmarin und Tomatenmark dazugeben und mit anbraten. Mit Wein und Bouillon ablöschen und aufkochen lassen. Dann den Bräter gut verschliessen und alles im Ofen bei 120 Grad mindestens 3 Stunden zugedeckt leise köcheln lassen. Zu heftiges Kochen laugt das Fleisch aus und macht den Braten trocken und faserig. Nach der Hälfte der Garzeit den Braten wenden.

Kurz vor dem Servieren den Bratensaft durch ein Haarsieb in einen kleinen Topf giessen. Fleisch und Gemüse in der Form im noch warmen, ausgeschalteten Ofen warm halten. Den Bratensaft ziemlich stark einkochen. Die kalte Butter in Flocken mit dem Schwingbesen in die kochende Flüssigkeit einrühren. Abschmecken.

Den Braten mit einem scharfen Fleischmesser oder dem Elektromesser in Scheiben schneiden, dabei nicht zu viel Druck ausüben, denn das Fleisch ist sehr weich und mürbe. Mit Kartoffelpüree und Sauce anrichten.

Tipps

• Für einen Schmorbraten lohnt es sich, statt eines günstigen Bratenstücks den teuren Hohrücken zu wählen. Der Hohrücken hat im Inneren einen Fettkern, und das Fett macht den Braten geschmackvoll und saftig. Der Braten wird sanft und lange auf kleinem Feuer geschmort, wie man das früher beim Schmoren im Kachelofen machte. Ein Gericht, das nostalgische Gefühle weckt und Erinnerungen an Grossmutters Braten aufsteigen lässt. Der Braten kann übrigens auch länger bei 75 Grad im Ofen warm gehalten werden.

• Zum Schmoren nehme ich einen guten, schweren Rotwein mit wenig Säure. Es lohnt sich – und schliesslich ist das Gericht ein Festmahl.

• Der Bratensaft muss ziemlich stark eingekocht werden. Durch das Einrühren der Butter wird die Sauce dick, intensiv und rund. Die Butter neutralisiert die Säure des Weins und verbindet die verschiedenen Geschmackskomponenten.

• Das mit dem Fleisch mitgegarte Gemüse, ist mit Bratensaft vollgesogen und schmeckt ebenfalls wunderbar!

Lauch-Kartoffel-Püree

Einfache Variante des klassischen Kartoffelpürees, eine Spezialität aus der französischen Schweiz.

500 g mehlige Kartoffeln, geschält
125 g Lauch, geputzt, längs halbiert, gründlich gewaschen
½ EL Gemüsebouillon-paste, in wenig heissem Wasser aufgelöst
75 g Butter
150 ml Rahm
2 Prisen Muskatnuss

Die Kartoffeln in grobe Stücke schneiden und 10 Minuten im Dampfkochtopf oder etwa 20 Minuten in kochendem Salzwasser weich kochen. Abgiessen und etwas ausdampfen lassen. Den Lauch quer in 1 cm dicke Ringe schneiden. In Salzwasser weich kochen und abgiessen. Kartoffeln und Lauch mit Bouillon, Butter, Rahm und Muskatnuss in eine Schüssel geben, mit dem Kartoffelstampfer zerdrücken und gründlich mischen. Das Püree sollte nicht allzu fein sein und darf ruhig noch kleine Stücke enthalten. Dies gibt ihm eine rustikale Note.

Tipps
• Die Kombination von Kartoffeln, Lauch und Rahm ist äusserst gesund und ein grosser Genuss. Ich bereite immer gleich eine grössere Menge davon zu, denn allfällige Reste lassen sich wunderbar zu kleinen Kartoffelküchlein braten oder zu einer feinen Suppe weiterverarbeiten.
• Für eine schöne, kräftige Farbe des Pürees wählen Sie möglichst Lauch mit viel Grün.
• Wenn Sie keinen Kartoffelstampfer haben, zerdrücken Sie Kartoffeln und Lauch mit einem Holzkochlöffel am Topfrand, oder Sie benützen den Boden einer sauberen Flasche als Stampfer.
• Löwenzahnblüten ergeben eine schöne Dekoration. Ihr Blütenboden ist bitter, die gelben Blütenblätter hingegen schmecken fein und süss.

Tiramisù

Für eine Form von ca. 20 x 30 cm

2 fertig gebackene Scheiben Biskuit, in der Grösse der Form (siehe Rezept rechts)

4 Eigelb
75 g Zucker
2 Eiweiss
1 kleine Prise Meersalz
200 ml Rahm
½ TL Zucker
250 g Mascarpone
2 cl sehr guter Cognac
200 ml Espresso
2 TL Instant-Kaffee
Schokoladenpulver zum Bestäuben

Die Eigelbe mit dem Zucker schaumig schlagen. Die Eiweisse mit dem Salz und den Rahm mit dem Zucker steif schlagen. Den Mascarpone mit dem Cognac mischen. Die Eigelbmasse nach und nach unter den Mascarpone ziehen. Dann den Eischnee nach und nach darunterziehen und zuletzt den Schlagrahm darunterziehen.
Den Espresso mit dem Instant-Kaffeepulver verstärken.
Einen der Biskuitteige umgekehrt (das heisst mit der beim Backen nach oben liegenden Seite nach unten und der ursprünglich mit dem Backpapier bedeckten Seite nach oben) in die Form legen und mit der Hälfte des Kaffees tränken. Die Hälfte der Mascarponemasse darauf verteilen. (Nicht drücken!) Die zweite Lage Biskuit wiederum umgekehrt auf die Mascarponemasse legen und ebenfalls mit dem restlichen Kaffee tränken. Den Rest der Mascarponemasse darauf verteilen.
Kalt stellen. Erst unmittelbar vor dem Anrichten mit Schokoladenpulver bestäuben.

Tipps
• Bereiten Sie das Tiramisù schon am Vortag zu. Dann wird der Mascarpone wieder fest und das Tiramisù lässt sich besser schneiden.
• Das Biskuit selbst herzustellen ist ganz einfach und fertig gekauftem Löffelbiskuit (der in vielen Rezepten verwendet wird) bei weitem vorzuziehen.
• Verwenden Sie den besten Cognac, den Sie haben. Dieser gibt schon in kleiner Menge genügend Aroma ab. Die Masse muss steif sein und darf daher nicht viel Flüssigkeit aufnehmen.
• Zum Beträufeln fülle ich den Kaffee in ein Plastikfläschchen mit durchlöchertem Deckel, wie man sie früher zum Befeuchten der Wäsche benützte. Damit lässt sich der Kaffee am besten gleichmässig auf dem Biskuit verteilen. Alternativ nehmen Sie dafür einen Löffel oder eine Sprühflasche (Wasserzerstäuber).

• Die Mascarponemasse kann auch einfach so als Creme serviert werden. Oder Sie füllen sie in eine passende Form und lassen sie gefrieren; so erhalten Sie ein feines Mascarpone-Parfait.

Biskuitteig

4 Eiweiss
40 g Zucker
4 Eigelb
50 g Zucker
1 Msp. abgeriebene Zitronenschale
40 g Butter, flüssig
80 g Weissmehl

Das Eiweiss steif schlagen, am Schluss die 40 g Zucker dazugeben und noch kurz weiterschlagen. Die Eigelbe mit der zweiten Portion Zucker (50 g) und der Zitronenschale schaumig rühren. Die Butter darunterrühren. Das Mehl sieben und abwechslungsweise mit dem Eischnee rasch unter die Eigelbmasse ziehen.
Ein Blech mit Backpapier belegen. Den Teig dünn darauf ausstreichen und im vorgeheizten Backofen bei 200 Grad 5 Minuten backen. Das Blech herausnehmen und umgekehrt auf ein Backpapier stürzen, das Blech nicht abnehmen und den Teig so auskühlen lassen. Nach dem Abkühlen lässt sich das Backpapier problemlos abziehen. Das Papier erst kurz vor der Weiterverarbeitung abziehen, damit der Teig schön weich bleibt.

Tipps
• Wenn der Teig nicht sofort gebraucht wird, kann er in Folie verpackt im Kühlschrank oder Tiefkühler aufbewahrt werden.
• Man kann auch Biskuitteig mit den genauen Massen der Form beim Bäcker bestellen.
• Als Variante Schokoladenpulver in den Teig geben.

Die Leichtigkeit des Seins

Es ist Frühsommer, jetzt geht alles leicht und mühelos von der Hand. Die harte Arbeit des Pflanzens ist vorbei, die grosse Erntezeit lässt noch auf sich warten. Jetzt schenkt die Natur ihre Schätze freigebig und vielfältig, ohne dass wir uns darum bemühen müssen.

Der Juni entspricht dem Sternzeichen Zwilling. Der Zwilling ist ein Bewegungsmensch, er bewegt sich leicht und mühelos, ist flexibel, schnell und gerne unterwegs. Er ist neugierig, geistig wach und sehr kommunikativ. Er entscheidet sich äusserst ungern zwischen zwei Dingen und nimmt deshalb am liebsten gleich beide.

Juni-Gerichte sind leicht, luftig, schaumig, zart, hell, vielfältig und mühelos zuzubereiten. Dazu passen Geflügel, weisses Fleisch und solches schnell laufender Tiere, Blattgemüse, Salate, gelbe Rüben, Gartenkräuter, Holunderblüten, Erdbeeren, Johannisbeeren, Kefen und bis zum Johannistag am 21. Juni noch Spargeln.

Das Juni-Menü

Spargelmousse und Frühlingssalat
mit Kaninchenleber

Zweierlei Fischfilets in Kräuterschaum

Zweifarbige Petersilien-Pfälzerrüben-Suppe

Kaninchenrückenfilet mit Estragonsauce, mit Ziegenkäse gefüllte Beinwellblätter und zweifarbige Crêpenudeln

Zweierlei Sorbet: Holunderblüten und Erdbeer

Spargelmousse und Frühlingssalat mit Kaninchenleber

**Für eine Terrinenform
von 600 ml Inhalt**

(30 x 6 x 5 cm)
500 g Spargeln
150 ml Rahm
3 EL Wasser
½ TL Gemüsebouillon-
paste
1 Eigelb
1 Eiweiss

Kaninchenleber

2–4 Kaninchenlebern,
je nach Grösse
1 TL Butter
Salz, Pfeffer aus der
Mühle, Balsamicoessig

Frühlingssalat
Schnittlauchblüten und
Radieschen als Garnitur

Die Spargeln grosszügig schälen, vor allem am unteren Ende. Die Spargelspitzen für die Garnitur abschneiden; sie werden später separat gegart. Die restlichen Spargelstangen in feine Scheiben schneiden (benötigt werden davon insgesamt 250 g).
Die Spargelscheibchen mit Rahm, Bouillonpaste und Wasser sehr weich kochen, pürieren, durch ein Sieb streichen und etwas abkühlen lassen. Dann das Eigelb dazugeben.
Das Eiweiss steif schlagen und vorsichtig darunterheben.
Die Terrinenform mit Klarsichtfolie auskleiden. Die Masse einfüllen und die Terrine im Wasserbad im Ofen bei 160 Grad ungefähr 40 Minuten pochieren (siehe dazu Seite 30) oder im Kombisteamer mit 100 Prozent Dampf bei 80 Grad etwa 20 Minuten.
Inzwischen die Spargelspitzen in leicht gesalzenem Wasser weich kochen.

Die Lebern in vier ungefähr gleich grosse Teile zerlegen (kleine Lebern in ihre beiden natürlichen Teile zerlegen). Die Butter aufschäumen lassen, bis sie zu bräunen beginnt, die Leber hineinlegen, würzen und sehr kurz, höchstens ½ Minute auf beiden Seiten braten, bis sie eine zarte braune Kruste haben. Mit einigen wenigen Tropfen Balsamicoessig ablöschen und sofort anrichten.

Die Spargelmousse noch lauwarm in Scheiben schneiden und auf die Teller legen; die Spargelspitzen dazulegen. Einen Salat nach Belieben mit Salatsauce (siehe Seite 162) mischen und auf die Teller verteilen. Die Kaninchenleber ganz am Schluss dazulegen. Mit gezupften Schnittlauchblüten und fein geschnittenen Radieschen garnieren.

Tipps
• Spargelmousse und Spargelspitzen werden lauwarm serviert, so kommt der Spargelgeschmack am besten zur Geltung.
• Die Kaninchenleber bleibt wunderbar zart, wenn sie nicht zu klein geschnitten wird. Die Leber kommt ganz am Schluss auf den Teller, damit sie nicht trocken wird. Beim Anrichten muss daher alles sehr schnell gehen und das Gericht sollte auch sofort gegessen werden, damit der Effekt von kalt und warm erhalten bleibt.

Egli- und Felchenfilets in Butter gebraten

4 Eglifilets ohne Haut
2 Felchenfilets
mit Haut, halbiert
1 EL Mehl
1 TL Butter
weisses Meersalz

Die Fischfilets salzen, die Eglifilets in Mehl wenden und überschüssiges Mehl gut abklopfen.
Die Butter aufschäumen lassen. Zuerst die Felchenfilets mit der Hautseite nach unten in die aufschäumende Butter geben, dann die Eglifilets dazulegen und beide bei mittlerer Hitze in der schäumenden Butter langsam braten: die Felchenfilets etwa 2 Minuten auf der Hautseite, die Eglifilets nur 1 Minute, dann wenden und beide auf der zweiten Seite nur noch kurz, zirka ½ Minute braten.

Tipp

Egli und Felchen sind sehr zarte Fische und dürfen nur knapp durchgebraten werden, da sie schnell austrocknen. Die Bratzeit hängt von der Dicke der Filets ab. Entgegen der Schulmeinung brate ich Fisch immer zuerst auf der Hautseite und dann nur noch ganz kurz auf der Fleischseite. So bleibt der Fisch viel saftiger und trocknet weniger aus.

Kräuterschaum

3 EL gekochter Reis
400 ml Gemüsebouillon
2 EL gemischte Gartenkräuter, fein geschnitten
2 EL kaltgepresstes Sonnenblumenöl
2 TL frische kalte Butter
100 ml Rahm, steif geschlagen

Den gekochten Reis in der Bouillon sehr weich kochen. Beides zusammen mit den Kräutern im Mixer auf höchster Stufe fein pürieren. Bei laufendem Mixer Sonnenblumenöl und Butter beigeben. Abschmecken. Zum Schluss den geschlagenen Rahm darunterziehen. Die Sauce darf nun nicht mehr kochen, da sie sonst ihre schöne grüne Farbe und ihre Schaumigkeit verliert.

Tipps

• Für diese Sauce nehme ich möglichst viele verschiedene Gartenkräuter, vor der Blüte gesammelt: Petersilie, Schnittlauch, Liebstöckel, Rosmarin, Thymian, Salbei, Majoran, Minze, Dill, Estragon, Kerbel; Liebstöckel und Minze nur sehr sparsam verwenden, da sie sehr dominant sind.
• Als Bindung dient ein Reis, der seine natürliche Fähigkeit zu zerfallen noch nicht verloren hat, also kein Parboiled-Reis. Wenn ich Reste von gekochtem Reis habe, nehme ich diese.
• Mit Gemüsebouillon verdünnt, kann die Sauce kalt oder warm auch als feine erfrischende Suppe serviert werden.

Petersiliencremesuppe

Ergibt 600 ml Suppe

200 g Petersilie,
grobe Stiele entfernt
300 ml Gemüsebouillon,
warm
2 EL Sonnenblumenöl
2 EL Rahm

Die Petersilie in leicht gesalzenem Wasser zirka 5 Minuten gut weich kochen. In ein Sieb schütten und mit kaltem Wasser abschrecken. Anschliessend die Petersilie mit der warmen Bouillon und dem Öl mixen. Durch ein Haarsieb passieren und zurück in den Topf giessen. Den Rahm dazugeben und die Suppe wieder heiss werden lassen, aber nicht mehr kochen, sonst verliert sie die schöne intensiv grüne Farbe. Abschmecken und die Konsistenz prüfen; beide Suppen sollten etwa gleich dick sein, damit sie beim Anrichten nicht ineinanderlaufen.

Pfälzerrübensuppe

Ergibt 600 ml Suppe

200 g Pfälzerrüben,
geschält, klein geschnitten
½ l Gemüsebouillon
1 Prise gemahlener Anis
100 ml Rahm

Die Pfälzerrüben im Dampfkochtopf oder in einem Topf mit wenig Wasser zugedeckt weich dünsten. Es ist wichtig, dass sie sehr weich gekocht sind, damit die Masse am Schluss sämig wird und keine harten Stückchen aufweist. Noch warm mit Bouillon und Anispulver im Mixer fein pürieren. In den Topf zurück giessen und den Rahm dazugeben. Abschmecken und die Konsistenz überprüfen; beide Suppen sollten etwa gleich dick sein, damit sie beim Anrichten nicht ineinanderlaufen.

Die beiden Suppen jeweils gleichzeitig vorsichtig in die Teller giessen. Mit einem Stäbchen oder Löffelstiel Schlaufen durch die beiden Suppen ziehen, sodass eine schöne Verzierung entsteht.

Tipp
Die Petersiliensuppe ist sehr erfrischend und bildet geschmacklich den nötigen Kontrast zur Pfälzerrübensuppe. Diese erhält durch den Anis eine leichte Frische; der Anis darf aber nicht hervortreten, sondern sollte nur im Hintergrund wirken.

Kaninchenrückenfilet an Estragonsauce

4 Kaninchenrückenfilets
weisses Meersalz
1 TL Butter

Estragonsauce
100 ml Kaninchenfond
oder anderer heller
Fleischfond
½ kleine Zwiebel,
fein gehackt
1 TL getrockneter Estragon
½ TL Gemüsebouillonpaste
200 ml Vollrahm
1 TL frischer Estragon

Die Kaninchenrückenfilets salzen und in der heissen Butter von allen Seiten sanft braten, sodass sie innen gerade knapp durch sind; je nach Dicke der Filets dauert dies 6–8 Minuten. Neben der warmen Herdplatte oder im Ofen bei 65 Grad kurz ruhen lassen, damit sich der Saft im Fleisch verteilen kann.

Für die Sauce den Fond mit der Zwiebel, dem getrockneten Estragon und der Bouillonpaste aufkochen und etwas einkochen, einen Schuss Rahm dazugeben, erneut einkochen, wieder Rahm dazu und so weiterfahren, bis der Rahm aufgebraucht ist und die Sauce eine sämige Konsistenz aufweist. Durch ein Haarsieb in ein zweites Pfännchen giessen und den Estragon mit der Rückseite eines Saucenlöffels gut ausdrücken.
Den frischen Estragon fein schneiden und zur Sauce geben. Je nach Konsistenz die Sauce noch mit etwas Wasser verdünnen oder nochmals etwas einkochen.
Das Fleisch schräg in Scheiben schneiden und auf der Sauce anrichten.

Tipps
• Das Fleisch sollte gleichmässig durchgegart und im innersten Kern noch saftig und glänzend sein, aber nicht mehr rosa, sondern durchgehend weiss.
• Für die Estragonsauce verwende ich als Basis das getrocknete Kraut. Es ist viel intensiver als das frische, das erst am Schluss in die Sauce kommt.

Ich bekomme oft von Bauern in der Umgebung ganze Kaninchen angeboten, die wir dann selbst zerlegen und die verschiedenen Teile separat zu unterschiedlichen Gerichten verarbeiten. Von den Kaninchen wird bei uns restlos alles verwertet.

Mit Ziegenkäse gefüllte Beinwellblätter

8 Beinwellblätter
80 g Ziegenfrischkäse
(Bûche de chèvre)
1 Ei
1 EL Rahm
1 Prise weisses Meersalz
1 EL Butter zum Braten

Vier der Beinwellblätter mit dem Ziegenfrischkäse bestreichen und jeweils mit einem zweiten Blatt bedecken; dieses gut andrücken.

Ei, Rahm und Salz gut verquirlen.

Die Butter in einer beschichteten Bratpfanne erhitzen, bis sie aufschäumt. Die gefüllten Beinwellblätter durch die Eimasse ziehen, etwas abtropfen lassen und in der schaumigen Butter auf beiden Seiten goldgelb braten.

Tipps

• Statt Ziegenkäse können Sie auch einen zarten Kuhmilchkäse wie St-André nehmen oder – mein Favorit – den französischen Brebiou, einen Schafweichkäse.

• Beinwell wächst in fast allen Gärten. Am besten sind die noch jungen Blätter, die sich fleischig, ziemlich dick und doch zart anfühlen. Sie können fein geschnitten auch unter den Salat gemischt werden. Die Büschel der kleinen violetten Blütenglöckchen ergeben eine wunderschöne Dekoration. Frische Beinwellblätter haben einen sehr hohen Proteinanteil; Beinwell sollte allerdings nur mit Mass genossen werden, da er in grossen Mengen toxisch wirken kann. Aus seiner Wurzel wird eine Salbe hergestellt, die Prellungen und Verstauchungen lindert. Wenn Sie keinen Beinwell im Garten haben, können Sie für dieses Rezept auch Borretsch- oder grosse Spinatblätter nehmen.

Crêpenudeln

300 ml Milch
3 Eier
150 g Weissmehl
weisses Meersalz
30 g Butter, flüssig
2 Bund Petersilie,
grobe Stiele entfernt
3 EL Butter

Milch, Eier, Mehl und Salz mit dem Handmixer gut verrühren; dabei darauf achten, dass keine Klümpchen entstehen. Den Teig mindestens ½ Stunde stehen lassen. Dann die flüssige Butter darunterrühren. Den Teig in zwei gleich grosse Portionen teilen.

Die Petersilie in Salzwasser weich kochen, kalt abschrecken, gut abtropfen lassen und unter die eine Hälfte der Crêpemasse mixen.

Aus beiden Teigmassen Crêpes backen. Dazu in einer weiten beschichteten Bratpfanne wenig Butter schmelzen. Die Pfanne schräg halten, etwas Teig hineingeben und auf dem Pfannenboden verteilen. Die Crêpe so lange backen, bis sich der Teig gut vom Pfannenboden löst. Die Crêpe wenden und auf der zweiten Seite nochmals kurz backen. Auf ein Backpapier legen.

Auf diese Weise den gesamten Teig zu Crêpes verarbeiten. Zwischen die einzelnen Crêpes jeweils Backpapier legen.

Kurz vor dem Anrichten des Hauptgangs die Crêpenudeln fertigstellen: Die zweifarbigen Crêpes zusammenrollen und mit einem grossen scharfen Messer in schmale Streifen schneiden. Diese mit den Fingern etwas auflockern. In der Bratpfanne vom Backen der Crêpes nochmals etwas Butter aufschäumen lassen, die Nudeln hineingeben und unter ständigem Wenden bei grosser Hitze rasch erwärmen. Zu Nestern aufwickeln und anrichten.

Tipps

• Der Teig kann auch mit beliebigen anderen Zutaten eingefärbt werden, z.B. Kurkuma, Safran, Tomatenmark, Basilikumpesto, Tintenfischtinte.

• Die Crêpes lassen sich gut bereits am Vortag zubereiten. Fertig gebacken, können sie problemlos 1–2 Tage im Kühlschrank warten.

Erdbeersorbet

500 g Erdbeeren,
gewaschen, entstielt
60 g Zucker
2 kleine Minzeblätter
(siehe Tipps)

Die Erdbeeren halbieren oder vierteln. Mit dem Zucker und den Minzeblättern mixen, durch ein Haarsieb streichen und die Süsse kontrollieren. Die Masse muss etwas zu süss schmecken, da die Süsse im gefrorenen Zustand abnimmt. 4 Esslöffel Erdbeerpüree für die Garnitur zurückbehalten. Das restliche Püree in der Eismaschine gefrieren lassen.

Das beiseite gestellte Erdbeerpüree mit wenig Wasser verdünnen. Als Sauce mit den beiden Sorbets auf Tellern anrichten und nach Belieben mit etwas Rahm verzieren.

Tipps

• Die Minze gibt den eher dumpf schmeckenden Erdbeeren einen leichten, frischen Geschmack. Sie darf jedoch nicht hervorstechen, sondern soll lediglich den Erdbeergeschmack unterstützen. Ich bevorzuge marokkanische oder Krause Minze. Unsere hiesige Pfefferminze schmeckt im feinen Erdbeerpüree etwas zu streng.

• Für das Erdbeersorbet sollten die Erdbeeren wirklich schön reif sein und so ihr volles Aroma entfalten.

Holunderblütensorbet

Holunderblütensirup
15 grosse Holunderblüten-
dolden, gesäubert
2 Zitronen
1 l Wasser
1 kg Zucker

1 Eiweiss
200 ml Holunderblüten-
sirup
200 ml Wasser

Zunächst den Sirup herstellen: Dazu die Holunderblüten in eine Schüssel geben. Die Zitronen halbieren, den Saft von Hand über den Blüten auspressen und die Zitronenhälften dazulegen. Wasser und Zucker aufkochen und kochend heiss über die Blüten giessen. Zugedeckt 24 Stunden stehen lassen. Dann absieben. Den so gewonnenen Sirup erneut aufkochen und heiss in saubere Flaschen abfüllen.

Für das Sorbet das Eiweiss nur leicht aufschlagen; es muss lediglich zerteilt werden, und es sollte sich kein Schaum bilden. Holunderblütensirup und Wasser dazugeben und die Mischung in der Eismaschine gefrieren lassen.

Tipps

• Holunderblütensirup stelle ich immer gleich in grösserer Menge her und bewahre ihn in Flaschen abgefüllt auf. Er ist sehr vielseitig verwendbar, zum Beispiel für Aperitifgetränke, Fruchtsalat, in Joghurt und zum Süssen verschiedener Desserts. Vor allem gekochten Äpfeln verhilft er zu einer lieblichen Note. Die Holunderblüten bei Sonnenschein pflücken; nur dann entwickeln sie ihr Aroma.

• Wie alle Sorbets, die praktisch nur aus Flüssigkeit bestehen und keine Fruchtmasse enthalten, wird das Holunderblütensorbet bei längerem Aufbewahren rasch hart oder wie Schnee. Das Eiweiss macht das Sorbet weicher.

Feriengefühle

Der Sommer ist da und weckt Feriengefühle, selbst zuhause, wenn man mit Familie oder Freunden in einer lauen Sommernacht ein südliches Mahl geniesst. Die Natur wartet nun mit überbordender Fülle auf und bietet alles, was das Herz begehrt.

Der Juli entspricht dem Sternzeichen Krebs. Der Krebs ist sehr emotional und kann in Gefühlen schwelgen. Er ist das mütterlichste und häuslichste aller Sternzeichen. Essen und Kochen zählen zu seinen Lieblingsbeschäftigungen, einer italienischen Mamma gleich, die endlos Gerichte auftischt und sich am Appetit der Gäste erfreut.

Juli-Gerichte sind üppig, rahmig, wässerig, nährend, mild, weich, südlich und sommerlich. Dazu passen Fische, Meeresfrüchte, Melonen, Tomaten, Zucchetti, Gurken, Knackerbsen, Pasta, Rahm, Himbeeren, Kirschen und Rosen.

Das Juli-Menü

Rauchlachsmousse mit Sommersalat

Kalte Melonensuppe mit Mascarpone-Gemüse-Kugeln

Frische hausgemachte Nudeln mit Cherrytomaten und frischem Basilikum

Entenbrüstchen an rosa Grapefruitsauce, Zucchetti-Kartoffel-Püree und Knackerbsen

Himbeerkuchen

Rauchlachsmousse

200 g Rauchlachs
2 gehäufte EL feine
Gemüsewürfelchen
(Brunoise) von Karotte,
Lauch, Zucchetti
1 TL Zitronensaft,
frisch gepresst
Pfeffer aus der Mühle
300 ml Rahm

Den Rauchlachs mit einem grossen scharfen
Messer fein hacken.
Die Gemüsewürfelchen in wenig kochendem
Wasser kurz blanchieren, kalt abschrecken,
abtropfen lassen und trocken tupfen. Den fein
gehackten Lachs mit Gemüsewürfelchen, Zitronensaft und Pfeffer gut mischen.
Den Rahm steif schlagen und in drei Portionen
vorsichtig darunterziehen.
Mit einem Eisportionierlöffel oder einem Suppenlöffel ovale Kugeln aus der Mousse stechen und
mit Salat und nach Belieben etwas Rauchlachs
anrichten.

Tipps

• Um Gemüse in Brunoise-Würfelchen von zirka
2 mm Seitenlänge zu schneiden, schneidet man
das Gemüse zuerst in dünne Scheiben, dann diese
in feine Stäbchen und diese wiederum in feine
Würfelchen.
• Die Mousse wird sehr kalt serviert. Bei sehr
heissen Temperaturen können Sie sie vor dem
Servieren sogar eine Viertelstunde in den Gefrier-
schrank stellen.

Kalte Melonensuppe

1 Schalotte, fein gehackt
1 EL Olivenöl
500 g Melonen-Frucht-
fleisch (Cavaillon- oder
Charantais-Melonen),
geschält, entkernt,
grob geschnitten
1 TL Gemüsebouillonpaste
800 ml Mineralwasser
4 Minzblätter,
fein gehackt
4 schöne Minzblätter
oder -spitzen
als Garnitur

Die Schalotte auf kleinem Feuer im Öl weich
dünsten und zu den Melonen geben.
Die Gemüsebouillonpaste in wenig heissem Wasser
auflösen.
Alle Zutaten einschliesslich der gehackten Minze
im Mixer fein pürieren. Das Püree durch ein Haarsieb streichen und einige Stunden kalt stellen.
Erst wenn die Suppe ganz kalt ist, anrichten.
Mit Minzblättern oder -spitzen und nach Belieben
einem Blüten-Eiswürfel dekorieren.

Tipps

• Für Blüten-Eiswürfel in jedes Fach eines Eis-
würfelbehälters ein paar Kräuter und/oder kleine
essbare Blüten legen, Wasser darübergiessen und
gefrieren lassen. So entstehen überaus dekorative
Eiswürfel. Zudem schmecken die Kräuter und
Blüten auch noch gut.
• Diese Suppe kann auch warm gegessen werden.
Die fertige Suppe dann nur kurz erwärmen, nicht
kochen.

Kalte Melonensuppe mit Mascarpone-Gemüse-Kugeln

Mascarpone-Gemüse-Kugeln

100 g Karotten, geschält
50 g Stangensellerie
100 g Gurke, entkernt
500 g Mascarpone
3 EL gemischte Garten-
kräuter, fein gehackt
2 EL Schnittlauch,
sehr fein geschnitten
1 TL weisses Meersalz

Alle Gemüse in ganz kleine Würfelchen von
1 x 1 mm schneiden.
Alle Zutaten mischen, das Salz erst kurz vor
dem Servieren dazugeben, da sonst die Gemüse
Wasser ziehen. Mit einem Eisportionierlöffel
Kugeln formen und anrichten.

Tipps

• Die Gemüse millimeterfein zu schneiden ist
nicht schwer, braucht aber etwas Geduld. Das klein
geschnittene knackige Gemüse kontrastiert schön
mit dem rahmigen Mascarpone, und dieser macht
die Suppe sämig und weich. Die Idee zu diesen
Mascarpone-Gemüse-Kugeln habe ich übrigens
vor vielen Jahren bei meinem langjährigen Freund
und ausgezeichneten Koch Peter Brunner auf-
geschnappt.

• Meeresfrüchte-Liebhaber können gebratene
Riesencrevetten als Suppeneinlage verwenden.
Das leicht süsse, nussartige Fleisch der Krustentiere
passt ausgezeichnet zu der süsslichen Suppe. Die
Crevetten nur leicht mit etwas Meersalz und Zitronensaft würzen und kurz in wenig Olivenöl auf
den Punkt braten.

Frische hausgemachte Nudeln mit Cherrytomaten und frischem Basilikum

150 g feine, schmale
Nudeln (nach Grundrezept
Seite 163, mit 1 Ei
zubereitet) oder ersatz-
weise fertige Frischteig-
waren guter Qualität
8 EL Olivenöl
1 Schalotte, fein gehackt
24 Cherrytomaten,
geviertelt
12 Basilikumblätter,
in feine Streifen
geschnitten
weisses Meersalz

Die Nudeln in reichlich kochendem Salzwasser
al dente kochen. Abgiessen und abtropfen lassen.
Inzwischen das Olivenöl stark erhitzen, die Scha-
lotte unter ständigem Schwenken kurz andünsten,
Tomaten und Basilikum dazugeben und sofort
schwenken, salzen und weiter schwenken.
Dies geht alles sehr rasch, nur einige Sekunden.
Die Tomaten bleiben dabei roh.
Sofort die frischen Nudeln zur Tomatenmischung
geben, vermengen und sofort servieren.

Tipps

• Cherrytomaten sind süss und verleihen dem
Gericht eine liebliche Note. Reife Tomaten
entwickeln am Stielansatz einen intensiven Geruch.
Wirklich reife Tomaten sind nur während der
einheimischen Saison von Juli bis Oktober
erhältlich.

• Anstelle von Cherrytomaten nehme ich
manchmal auch grosse Spezie-rara-Tomaten, die
aus hiesiger Produktion stammen und daher
meist schön reif sind; sehr gut etwa die Sorten
Ochsenherz (Cuore di Bue) oder Berner Rosen. Die
Tomaten müssen dann geschält werden und
dürfen eine Spur länger in der Pfanne bleiben.

• Tomaten besitzen sehr viel Säure, die bei kurzem
Kochen verstärkt wird. Es gibt zwei Möglichkeiten,
die Säure zu reduzieren: entweder die Tomaten
sehr lange mit viel Olivenöl zu einer dicken Sauce
einkochen. Oder die Tomaten nur ganz kurz
erhitzen, ohne sie zu kochen.

Entenbrust an rosa Grapefruitsauce

4 kleine oder
2 grosse Entenbrüste
Meersalz und schwarzer
Pfeffer aus der Mühle

Rosa Grapefruitsauce
100 ml Rotwein
1 kleine Zwiebel,
fein geschnitten
1 kleines Lorbeerblatt
3 schwarze Pfefferkörner
1 rosa Grapefruit,
ausgepresster Saft
1 TL Bouillonpaste
100 ml heller
oder dunkler Fond
2 EL frische Butter, kalt

Die Fettschicht von den Entenbrüsten entfernen und das Fett in der Bratpfanne auslassen. Das Fleisch auf einer Seite salzen und pfeffern. Mit dieser Seite in das nicht zu heisse ausgelassene Entenfett legen und 3–4 Minuten braten. Die zweite Seite ebenfalls mit Salz und Pfeffer würzen, das Fleisch sofort wenden und nochmals zirka 4 Minuten braten. Je nach Dicke der Fleischstücke dauert es 6–8 Minuten, bis das Fleisch gar, aber noch rosa ist. Mit Alufolie abgedeckt in der Nähe der warmen Herdplatte oder im Ofen bei maximal 65 Grad ein paar Minuten ruhen lassen, damit sich der Saft im Fleisch verteilen kann.

Für die Sauce den Rotwein mit Zwiebel, Lorbeerblatt und Pfefferkörnern einkochen, bis die Flüssigkeit fast vollständig eingekocht ist. Den Grapefruitsaft und die Bouillonpaste hinzufügen und alles nochmals etwas einkochen lassen. Nun den Fond beifügen und erneut einkochen lassen.

Die Sauce durch ein Haarsieb in ein zweites, sauberes Pfännchen giessen, die Zwiebeln dabei gut ausdrücken, und die Sauce zurück auf den Herd stellen. Die Butter mit dem Schwingbesen unter ständigem Kochen einrühren und nochmals etwas einkochen, bis sie eine sämige Konsistenz hat.
Das Fleisch schräg in Scheiben aufschneiden und auf die Sauce legen. Es sollte durchgehend von aussen bis innen rosa sein.

Tipps
• Rosa Grapefruits sind süsser als gelbe. Sollte die Sauce doch noch zu sauer sein, ein wenig Akazienhonig und noch etwas mehr Butter dazugeben.
• Diese Sauce passt ebenfalls sehr gut zu Fischgerichten.
• Sie kann auch mit Orangen zubereitet werden.

Zucchetti-Kartoffel-Püree

500 g mehlige Kartoffeln, geschält, grob geschnitten
500 g Zucchetti, grob geschnitten
75 ml Rahm
1 TL Gemüsebouillonpaste
Meersalz
30 g Butter
wenig Muskatnuss

Die Kartoffeln 10 Minuten im Dampfkochtopf oder 20 Minuten in kochendem Salzwasser weich kochen. Abgiessen und etwas ausdampfen lassen. Anschliessend durch das Passevite (Passiergerät) treiben.
Die Zucchetti in ungesalzenem Wasser zirka 4 Minuten weich kochen. Abgiessen und mit den Händen auspressen. Dann zusammen mit Rahm und Bouillonpaste im Mixer fein pürieren.
Kartoffel- und Zucchettipüree mit Butter und Muskatnuss gut mischen und noch einmal kurz erwärmen. Abschmecken.

Tipps

• Dies ist eine leichte, sommerliche Variante des traditionellen, schweren Kartoffelpürees. Es ist wunderbar luftig, leicht und cremig.
• Als Variation zu Fisch ersetze ich die Butter durch Olivenöl und reduziere die Rahmmenge.

Knackerbsen

400 g Knackerbsen, gründlich entfädelt
½ EL Butter

Die Erbsen in kochendes, stark gesalzenes Wasser geben und mit der Siebkelle sanft unter das Wasser drücken. Das Wasser so schnell wie möglich wieder zum Kochen bringen und die Erbsen etwa 6 Minuten garen. Wenn sie noch leicht knackig sind, in ein Sieb giessen und abtropfen lassen.
Die Butter schmelzen und aufschäumen lassen, die Knackerbsen vorsichtig darin wenden. Sofort servieren.

Tipps

• Alle grünen Gemüse müssen in viel und stark gesalzenem Wasser gekocht werden, damit sie ihre Farbe bewahren.
• Knackerbsen sind ein herrliches Sommergemüse. Man isst sie mit den Schoten. Ihre Saison ist sehr kurz, meist kommen sie zusammen mit den Kefen (Zuckererbsen) auf den Markt. Sie sind jedoch feiner und süsser im Geschmack als diese und ausserdem sehr dekorativ. Am besten schmecken sie pur, nur in Butter gewendet. Knoblauch und Zwiebeln sind meiner Meinung nach zu intensiv für dieses feine Gemüse.

Himbeerkuchen

½ Portion süsser Mürbe-
teig (siehe Grundrezept
Seite 164) für 1 Teigboden
von 20 cm Durchmesser
2 Eiweiss
2 EL Zucker
250 g Himbeeren
1 TL Zitronensaft,
frisch gepresst

Den Mürbeteig nach Grundrezept zubereiten und
blind backen.
Das Eiweiss steif schlagen, dabei den Zucker nach
und nach dazugeben und weiterschlagen.
Die Himbeeren mit dem Zitronensaft mischen und
vorsichtig unter den Eischnee heben. Die Himbeer-
Eiweiss-Masse auf dem gebackenen Teigboden verteilen. Unter dem heissen Backofengrill kurz
gratinieren, bis das Eiweiss karamellisiert ist.
Den Kuchen in Portionsstücke schneiden und
lauwarm servieren. Vor dem Servieren mit etwas
Puderzucker bestreuen.

Tipps
• Der Zitronensaft ist sehr wichtig, ohne diesen
läuft der Eischnee blau an – was doch eher
ziemlich giftig aussieht.
• Wenn Sie über keine Grillfunktion verfügen,
überbacken Sie den Kuchen im Backofen
bei grösster Oberhitze, bis der Eischnee leicht
gebräunt ist.

Das Strahlen der Sonne

Obwohl der Sommer langsam zur Neige geht, erstrahlt die Sonne im August noch einmal in höchstem Glanz, sind die Tage nun von unübertroffener Klarheit und Strahlkraft.

Der August entspricht dem Sternzeichen Löwe. Er ist die Sonne unter den Sternzeichen. Wie diese strahlt er und wirkt allein schon durch sein Auftreten. Er ist unübersehbar und strahlt etwas Königliches aus.

Augustgerichte sind strahlend, leuchtend, sonnengelb, sommerlich, reichhaltig, aromatisch, repräsentativ, edel, delikat und luxuriös. Dazu passen Edelfische, edle Fleischsorten, Artischocken, Zucchetti und Zucchettiblüten, Peperoni, Tomaten, Auberginen, Rosmarin, Basilikum, Pfirsiche, gelbe Pflaumen, Zitronen, Ringelblumen, Sonnenblumen, Reben und Rotwein.

Das August-Menü

Ganze Artischocke mit Tartarsauce

Grilliertes Goldbrassenfilet mit Zitronenbutter

Mit Ricotta gefüllte Zucchettiblüte
in gelber Peperonisauce

Überbackener Ziegenkäse mit Portosauce,
Kartoffelgratin und Ratatouille

Mousse au chocolat

Artischocken mit Tartarsauce

4 Artischocken

Tartarsauce
1 Ei
1 TL Senf
½ TL Kräutersalz
200 ml Sonnenblumen-
oder Olivenöl
1 EL Kräuteressig

3 Eier, hartgekocht
1 TL Schnittlauch
1 TL Kapern
1 TL Petersilie
1 Essiggurke
oder 2 Cornichons

Für die Tartarsauce Ei, Senf und Salz in den Mixer
geben und bei laufendem Mixer langsam das Öl
einlaufen lassen. Erst wenn eine dicke Mayonnaise
entstanden ist, den Essig beifügen und noch kurz
weitermixen, bis alles gut vermischt ist.
Alle weiteren Zutaten klein schneiden und von
Hand unter die Mayonnaise mischen.

Von den Artischocken die Stiele wegschneiden.
Die Artischocken sofort 15 Minuten im Dampf-
kochtopf oder 40 Minuten in kochendem Salz-
wasser weich kochen.
Jede Artischocke auf einen Teller setzen und
die äusseren Blätter nach aussen biegen, bis die
Artischocke die Form einer Blüte hat.
Die Tartarsauce dazu servieren.

Tipps
• Die Artischocke wird von Hand gegessen. Die
Blätter werden einzeln abgezupft, der Blattansatz
in die Sauce getunkt und der an dieser Stelle
fleischige Teil des Blattes mit den Zähnen abge-
streift. Je weiter man in das Innere der Blüte vor-
stösst, desto mehr Artischockenfleisch ist an
den Blättern.
Zuletzt bleibt ein spitzes Fadenhäubchen übrig.
Dieses wird nun abgelöst, indem man die nicht
essbaren Fäden an der Spitze festhält und daran
zieht. Darunter liegt der Artischockenboden,
das kostbare Herz, der zarteste und ergiebigste
Teil der Artischocke – eine wahre Delikatesse.

• Im Mixer kann die Mayonnaise mit dem ganzen
Ei hergestellt werden. Auf diese Weise zubereitet
ist sie leichter, als wenn man nur das Eigelb nimmt.
• Statt der Tartarsauce oder zusätzlich dazu serviere ich manchmal eine Kräutervinaigrette. Dazu
nehme ich unsere italienische Salatsauce und
mische verschiedene fein geschnittene frische Gartenkräuter darunter.

Goldbrasse mit Zitronenbutter

Goldbrasse mit Zitronenbutter

400 g Goldbrassenfilets
(Dorade Royale)
Mehl
1 TL Butter zum Braten
weisses Meersalz

Zitronenbutter
1 mittelgrosse Zwiebel,
klein geschnitten
200 ml Weisswein
100 ml Rahm
200 g Butter
1 TL Gemüsebouillonpaste
1 Zitrone, abgeriebene
Schale und Saft

Die Fischfilets auf der Hautseite salzen, in etwas Mehl drücken und dieses gut abklopfen. Den Fisch in der aufschäumenden Butter je nach Dicke 2–3 Minuten braten. Unmittelbar vor dem Wenden auch die zweite Seite salzen und auf dieser nur noch ganz kurz braten, denn eigentlich ist der Fisch jetzt schon gar.

Für die Zitronenbutter die Zwiebel im Weisswein weich kochen und weiterkochen, bis die Flüssigkeit fast vollständig eingekocht ist. Rahm, Butter, Bouillonpaste, Zitronenschale und -saft dazugeben. Alles unter Rühren mit dem Schwingbesen aufkochen, durch ein Sieb abgiessen und mit dem Fisch anrichten.

Tipps
• Die Goldbrasse ist ein richtiger Sommerfisch mit hellem schmackhaftem Fleisch; am besten schmeckt er von Juli bis Oktober.
• Die Fischfilets werden nur auf der Hautseite bemehlt, damit die Haut schön knusprig wird.
• Solange der Fisch auf der Hautseite in der Pfanne liegt, kann nicht viel passieren, auch wenn er noch etwas warten muss.
• Nach gängiger Meinung muss die Butter unbedingt eiskalt und in kleinen Stücken einer Sauce beigemengt werden und darf auf keinen Fall mehr kochen. Ich gebe aber alle Zutaten zusammen in den Topf, auch die ganze Butter auf einmal und lasse die Mischung unter Rühren aufkochen. Jetzt nur noch absieben, und schon ist die Sauce fertig – gebunden, sämig, rund und weich.

Gefüllte Zucchettiblüten

4 Zucchettiblüten	Die Blüten vorsichtig säubern und bereithalten. Alle weiteren Zutaten mischen. Die Masse mit Hilfe eines Spritzsacks oder mit einem kleinen Löffel in die Blüten füllen. (Nicht zu stark füllen, da die Masse sich beim Erwärmen leicht ausdehnt.) Die Blütenblätter an der Spitze jeweils leicht zusammendrehen, um sie zu verschliessen. Die gefüllten Blüten im Dampfeinsatz über Wasserdampf 5 Minuten garen. Oder im Kombisteamer bei 100 Grad und 100 Prozent Dampf 3 Minuten dämpfen. Oder die Blüten in eine Gratinform legen, wenig Gemüsebouillon dazugeben, mit Deckel oder Alufolie bedecken und im vorgeheizten Ofen bei 200 Grad etwa 10 Minuten dämpfen.
Füllung	
100 g Ricotta	
1 Ei	
40 g Parmesan, gerieben	
1 EL gehackter Basilikum	
1 TL Olivenöl extravergine	
Meersalz	

Tipps

• Die Zucchettiblüten müssen möglichst frisch verarbeitet werden. In der Kälte des Kühlschranks verschliessen die Blüten sich und können nur noch mit Gewalt geöffnet werden. Frisch gepflückt sind sie geöffnet und lassen sich leicht füllen.

• Zum Prüfen des Garzustands: Die Ricottamasse in den Blüten sollte sich auf Fingerdruck etwas fester anfühlen als im rohen Zustand.

Gelbe Peperonisauce
Eine wunderbar milde, sommerliche Sauce.

4 gelbe Peperoni (Paprikaschoten), halbiert, entkernt	Die Peperoni mit der Knoblauchzehe und mit wenig Wasser 5 Minuten im Dampfkochtopf oder 20 Minuten in der Pfanne weich kochen. Zusammen mit dem Olivenöl, der Bouillonpaste und etwas Kochwasser im Mixer auf höchster Stufe fein pürieren. Durch ein feines Haarsieb in ein Pfännchen giessen und die Reste im Sieb gut ausdrücken. Abschmecken.
1 Knoblauchzehe, geschält, ganz	
2 EL Olivenöl	
1 TL Gemüsebouillonpaste	

Tipps

• Die Sauce kann natürlich auch mit roten Peperoni oder mit einer Mischung von beiden zubereitet werden. Falls rote und gelbe verwendet werden, können diese zusammen weich gekocht werden. Sie werden dann aber separat gemixt und die beiden Saucen einzeln fertiggestellt, sodass sie dann als zweifarbige Sauce gereicht werden kann, was sehr dekorativ ist.

• Es ist sehr wichtig, die Sauce durch ein feines Haarsieb zu passieren. So bleiben die störenden zähen Häutchen zurück, welche die Sanftheit der Sauce stören und den Magen belasten würden.

• Das Öl macht die Sauce weich und sämig und nimmt der Peperoni ihre Strenge.

Überbackener Ziegenkäse

400 g Ziegenkäse
(Bûche de chèvre)

Pro Person eine Scheibe von etwa 1½ cm
Dicke abschneiden. Die Käsescheiben auf ein mit
Backpapier belegtes Blech legen und unter dem
heissen Backofengrill etwa 5 Minuten backen,
bis die Oberfläche gebräunt und das Innere
geschmolzen ist.
Den Käse nach Belieben auf einem frischen
Rebenblatt anrichten, was sehr hübsch aussieht.

Tipps

• Sehr gut eignet sich der Ruffec genannte
französische Ziegenkäse oder Bûche de chèvre. Er
ist als Rolle von etwa 8 cm Durchmesser in eine
Strohmatte eingewickelt erhältlich.

• Das Überbacken darf nicht zu schnell gehen,
sonst bildet sich eine Kruste, und das Innere kann
nicht mehr schmelzen. Der Käse sollte innen ganz
flüssig sein. Durch das Schmelzen und Erwärmen
wird der Käse sehr mild und verliert den strengen
Ziegengeschmack.

• Wenn Sie über keine Grillfunktion verfügen,
den Käse bei grösster Oberhitze zuoberst im Ofen
gratinieren.

Portosauce

1 kleine Zwiebel,
fein geschnitten
1 Lorbeerblatt
4 schwarze Pfefferkörner
1 TL Butter
200 ml Portwein
½ TL Gemüsebouillon-
paste
1 EL Tamari (siehe Tipps)
60 g Butter, kalt

Die Zwiebel mit Lorbeerblatt und Pfefferkörnern in
etwas Butter anbräunen. Mit dem Portwein ablöschen und einkochen. Bouillonpaste und Tamari
dazugeben. Die Sauce durch ein Haarsieb in ein
zweites sauberes Pfännchen giessen. Erneut aufkochen und die kalte Butter mit dem Schwingbesen
in die kochende Sauce einrühren, bis diese eine
sämige Konsistenz und einen schönen Glanz aufweist.

Tipps

• Tamari wird nur aus Sojabohnen und Salz hergestellt, während in gewöhnlicher Sojasauce
Getreide (meist Reis oder Weizen) unter die Sojabohnen gemischt wird. Tamari ist dickflüssig und
von dunkler Farbe. Es gibt dieser vegetarischen
Sauce eine schöne Farbe und verleiht ihr Gehalt.

• Sollte die Sauce zu dick geraten sein oder muss
sie noch etwas länger warm gehalten werden,
kann man sie durch die Zugabe von wenig Wasser
sämig halten. Vor dem Anrichten wird sie noch
einmal kurz aufgekocht und bis zur gewünschten
Konsistenz eingedickt.

• Das Süssliche der Portosauce passt ausgezeichnet zum Ziegenkäse – so wie im Übrigen zu
Dessertkäse auch gerne Portwein getrunken wird.

Kartoffelgratin

1 Knoblauchzehe, halbiert
200 ml Milch
200 ml Vollrahm
1 TL Gemüsebouillonpaste
wenig Muskatnuss
500 g mittelfestkochende
Kartoffeln (z.B. Agria)
1 EL gut schmelzender
Reibkäse (siehe Tipps)

Eine Gratinform mit den Knoblauchhälften einreiben (sie können für das Ratatouille weiterverwendet werden).
Milch, Rahm, Bouillonpaste und Muskatnuss erhitzen und in die Form giessen.
Die Kartoffeln schälen und in dünnen Scheiben direkt in die Flüssigkeit hobeln. Die Kartoffeln gut verteilen, sodass alle gleichmässig mit Flüssigkeit bedeckt sind. Mit dem Käse bestreuen.
Im vorgeheizten Ofen bei 180 Grad erhitzen, bis die Flüssigkeit zu kochen beginnt, dann die Ofentemperatur auf 120 Grad reduzieren und den Gratin ungefähr 1–1½ Stunden sanft fertig backen.

Tipps

• Für Kartoffelgratin bevorzuge ich halbmehlige Kartoffeln (wie z.B. die gelbfleischige Sorte Agria), da diese mehr Flüssigkeit aufsaugen als festkochende und weniger zerfallen als mehlige Sorten.

• Der Gratin sollte schön rahmig sein. Wird er zu heiss gebacken, flockt der Rahm aus und verbindet sich nicht mit den Kartoffeln.

• Der Käse darf für diesen Gratin nicht dominant sein. Ich verwende daher nur wenig Käse, aber solchen von erstklassiger Qualität. Parmesan wird beim Gratinieren hart und eignet sich daher nicht. Gut sind Appenzeller, Sbrinz, Gruyère oder ein vollfetter Bergkäse.

Ratatouille
Der Inbegriff von südlichem Sommergemüse.

100 g Zwiebeln
100 g Peperoni (Paprikaschote), gelb und rot gemischt, entkernt
100 g Auberginen
100 g Zucchetti
300 g Tomaten
3 EL Olivenöl
1 kleine Knoblauchzehe
1 TL Gemüsebouillonpaste
½ TL Provencekräuter
¼ TL Sambal Oelek oder Harissa
1 TL Tomatenpüree

Zwiebeln, Auberginen, Zucchetti und Peperoni in gleich grosse Würfel von etwa ½ cm Seitenlänge schneiden. Die Tomaten mit heissem Wasser übergiessen, häuten und in gleich grosse Würfel schneiden wie das übrige Gemüse.
Das Olivenöl in einer weiten Pfanne erhitzen, den Knoblauch hineinpressen, dann alle Gemüse ausser den Tomaten in der angegebenen Reihenfolge anbraten, bis sie mit Olivenöl gut überzogen sind: zuerst die Zwiebeln, dann Peperoni, Auberginen, zuletzt Zucchetti. Sämtliche Würzzutaten dazugeben und unter häufigem Wenden weiter braten (das Gemüse darf kein Wasser ziehen).
Wenn alle Gemüse weich, aber nicht matschig sind, die Tomaten hinzufügen, nochmals umrühren und sofort servieren. Die Tomaten sollen nicht mehr kochen.

Tipps

• In so kleine Würfelchen geschnitten, wirkt das Ratatouille sehr edel. Soll das Gericht eher rustikal sein, kann man das Gemüse in gröbere Würfel schneiden.

• Die typischen Zutaten der Provence-Kräuter-Mischung sind Rosmarin, Thymian und Lavendel. Vor allem Letzterer gibt dem Ratatouille die typisch provenzalische Note.

Mousse au chocolat

Mousse au chocolat

Zwar kein leichtes Dessert, aber verführerisch wie gute edle Truffes.

Ergibt 12 Portionen

400 g Zartbitter-
schokolade (Crémant),
grob zerkleinert
200 g Butter
50 ml Espresso
8 Eigelb
25 g Zucker
8 Eiweiss
250 ml Rahm
etwas flüssiger Rahm
oder Doppelrahm und
Schokoladensplitter
als Garnitur

Schokolade, Butter und Espresso in eine Schüssel geben und im heissen Wasserbad schmelzen. Aus dem Wasserbad nehmen und in kaltem Wasser abkühlen, bis die Schokoladenmischung lauwarm ist.

Die Eigelbe mit dem Zucker im Wasserbad schaumig aufschlagen, bis eine hellgelbe, dicke Masse entstanden ist. Durch ein Sieb streichen und ebenfalls in kaltem Wasser abkühlen, bis sie lauwarm ist.

Das Eiweiss steif schlagen und ebenso den Rahm steif schlagen.

Die Schokolade und die Eigelbmasse mit dem Schwingbesen gut vermischen. Den Eischneee nach und nach vorsichtig darunterziehen. Dann den Rahm ebenfalls nach und nach vorsichtig darunterziehen. Die Mousse mindestens 3 Stunden kalt stellen.

Nach Belieben mit flüssigem Rahm oder Doppelrahm und Schokoladesplittern garniert anrichten.

Tipps

• Auf diese Weise zubereitet, ist die Mousse au chocolat ein ziemlich aufwändiges Dessert, das ich wenn immer möglich schon am Vortag fertigstelle. Es lohnt sich, davon gleich eine grössere Menge herzustellen. Im Kühlschrank ist die Mousse mehrere Tage haltbar, muss aber immer gut abgedeckt sein, da sie rasch Gerüche annimmt. Sie lässt sich auch sehr gut einfrieren.

• Statt mit Kaffee kann man die Mousse auch mit einem guten Cognac oder mit Orangenessenz parfümieren, die wiederum eine etwas andere Geschmacksnote geben.

• Schöne «Blütenkelche» erhält man folgendermassen: Einen Suppenlöffel – am besten aus Silber, da dieses die Hitze länger speichert – in einem Gefäss mit kochend heissem Wasser erwärmen, dann den leicht schräg gehaltenen heissen Löffel durch die Mousse ziehen. Durch die Hitze des Löffels schmilzt die Schokolade, und die Mousse wird hübsch aufgerollt. Das braucht zwar etwas Übung, macht aber einen besonderen Effekt.
Die Mousse kann aber natürlich auch ganz einfach mit dem Eisportionierer geformt werden.

Gesundes aus Wald und Garten

September ist der Monat zwischen Sommer und Herbst. Die Farben und das Licht sind jetzt sanft; Grün, Gelb, Ocker und Braun dominieren das Bild der Erde. Es ist Erntezeit. Nun schenken uns Wald und Garten viele Früchte. Es ist auch der Monat der Alpabfahrt; das Fleisch der Kälber, Rinder und Schweine schmeckt jetzt am besten.

Der September entspricht dem Sternzeichen Jungfrau. Die Jungfrau ist erdverbunden, bescheiden und sehr arbeitsam; sie kann sich mit Geduld, Sorgfalt und Genauigkeit den Details einer Arbeit widmen. Wenn sie sich für etwas interessiert, ist ihr keine Mühe zu viel.

September-Gerichte sind einfach, natürlich, zurückhaltend, bodenständig, gesund, schlicht, herb, herbstlich, braun und grün. Dazu passen Salate, Gemüse, Grünpflanzen, Erbsen, Bohnen, Getreide, herbe Gartenkräuter, Pilze, Birnen, Äpfel, Brombeeren und Zwetschgen, Kalb-, Rind- und Schweinefleisch.

Das September-Menü

Frühlingsröllchen mit Couscoussalat

Gebratenes Lachsfilet mit Dillsauce

Erbsenpüree mit Eierschwämmchen an Schnittlauchrahmsauce

Kalbsbraten im Heu geschmort mit Hirse und Bohnen

Toggenburger Schlorzifladen

Frühlingsröllchen

Frühlingsröllchen sind auch sehr schöne Apéro-Häppchen.

100 g Lauch
100 g Karotte, geschält
100 g Knollensellerie
50 g Sojasprossen
4 EL Erdnussöl
4 TL Sojasauce
Pfeffer aus der Mühle
12 Frühlingsrollen-Teig-
blätter (10 x 10 cm)

Lauch, Karotte und Sellerie in 2 cm lange feine Streifen (Julienne) schneiden, die Sprossen und nach Belieben weitere Zutaten wie Pilze oder Erbsen dazugeben und alles zusammen im heissen Öl gut andünsten. Mit Sojasauce und Pfeffer würzen und weiter dünsten, bis das Gemüse weich, aber noch leicht knackig ist. Auskühlen lassen.
Jeweils 1 EL der Gemüsefüllung in einem läng-lichen Streifen auf den unteren Rand der Teig-quadrate geben und mit den Fingern etwas in Form drücken. Den Teig einmal um die Füllung herum legen, dann die Seiten einschlagen und den Teig vollständig einrollen. Das Teigende mit etwas Wasser befeuchten und festdrücken. Die fertigen Frühlingsröllchen in heissem Öl etwa 5 Minuten ausbacken. Auf Haushaltpapier gut abtropfen lassen.

Tipps

• Als Vorspeise sehen kleine Frühlingsrollen schöner aus. Daher grössere Teigblätter in Quadrate von etwa 10 cm Seitenlänge schneiden. In Asia-Shops sind teilweise auch kleine Teig-quadrate fertig erhältlich.
• Die Füllung können Sie natürlich variieren, zum Beispiel mit Fleisch, Fisch, Pilzen oder anderem Gemüse.
• Die Röllchen können roh sehr gut eingefroren werden, müssen dann allerdings 1 Minute länger gebacken werden.

Couscoussalat

100 g Couscous
150 ml Gemüsebouillon, heiss
1 EL Olivenöl
30 g Karotte, geschält, fein gewürfelt
30 g Zucchetti, fein gewürfelt
1 Tomate, gehäutet, entkernt, klein gewürfelt
1 EL gehackte Petersilie
1 EL gehackte Minze
1 EL Zitronensaft
2 EL Olivenöl
Kräutermeersalz nach Bedarf

Den Couscous in eine Schüssel geben und mit der heissen Bouillon und dem Olivenöl übergiessen. Mit einer Gabel auflockern und zugedeckt stehen lassen.
Die Karotten- und Zucchettiwürfel ganz kurz in Salzwasser blanchieren.
Den Couscous noch einmal mit einer Gabel auflockern und allfällig vorhandene Knollen zer-drücken. Alle weiteren Zutaten unter den noch warmen Couscous mischen.
Der Couscoussalat wird bei Zimmertemperatur gegessen.

Tipps

• Mit einem Eisportionierer oder einem kleinen Sieb lassen sich aus dem Couscous schöne Kugeln formen.
• Am besten wird der Couscoussalat mit afrikanischer oder krauser Minze. Unsere hiesige Pfefferminze ist zu scharf.

Gebratenes Lachsfilet mit Dillsauce

Der feine, herbe Geschmack der Dillsauce passt ausgezeichnet zu Lachs.

**400 g Lachsfilet ohne
Haut, in 4 nicht zu dünne
Scheiben geschnitten
weisses Meersalz
1 EL Butter**

Die Lachstranchen salzen. Auf mittlerem Feuer in der heissen Butter auf beiden Seiten je nach Dicke 3–5 Minuten braten. Der Fisch sollte innen noch rosa und feucht, also nicht ganz durchgebraten sein.

**Dillsauce
3 EL gekochter Reis
1 EL Fischfond
300 ml konzentrierte
(stark gesalzene)
Gemüsebouillon
100 ml Vollrahm
1 TL Butter
60 g frischer Dill, harte
Stiele entfernt**

Für die Sauce den Reis mit allen Zutaten ausser dem Dill ganz weich kochen, bis man die Körner zwischen den Fingern zerdrücken kann. Zusammen mit dem Dill im Mixer auf höchster Stufe fein pürieren. Zurück in die Pfanne geben und falls nötig mit etwas Bouillonpaste abschmecken. Die Sauce nur noch warm halten; sie sollte nun nicht mehr kochen, damit der Dill frisch bleibt und seine zartgrüne Farbe behält.

Tipps
• Lassen Sie sich für das Lachsfilet vom Fischhändler Tranchen vom Rückenfilet schneiden, ohne die dünnen Bauchlappen.
• Meersalz genügt als Gewürz für den Lachs, mehr braucht es nicht.
• Die Hitze darf für den Lachs nicht zu gross sein, da er schnell trocken wird. Wenn die Butter schäumt, ohne braun zu werden, ist die Temperatur genau richtig.

Erbsenpüree mit Eierschwämmchen an Schnittlauchrahmsauce

Erbsenpüree

500 g Erbsen, frisch oder
tiefgekühlt
70 g Butter
Meersalz

Die Erbsen in Salzwasser weich kochen und mit möglichst wenig Kochwasser im Mixer fein pürieren. Das Püree durch ein nicht zu feines Haarsieb streichen.
Die Butter unter das warme Püree mischen und dieses falls nötig mit Salz abschmecken.

**Eierschwämmchen
an Schnittlauchrahmsauce**

1 kleine Zwiebel,
fein geschnitten
50 g Butter
300 g Eierschwämmchen
(Pfifferlinge), gründlich
gesäubert, grössere
zerkleinert
½ TL Gemüsebouillon-
paste
1 TL Tomatenmark
200 ml Vollrahm
1 Bund Schnittlauch,
fein geschnitten

Für die Eierschwämme die Zwiebel in der Butter glasig dünsten (nicht braun werden lassen!). Die Pilze dazugeben und dünsten, bis sämtliche Flüssigkeit verdunstet ist. Bouillonpaste, Tomatenmark und Rahm dazugeben und mindestens 10 Minuten auf kleinem Feuer kochen lassen. Falls die Sauce zu dick wird, ein wenig Wasser dazugeben. Ganz am Schluss unmittelbar vor dem Servieren den fein geschnittenen Schnittlauch dazugeben.

Tipps

• Das Erbsenpüree muss ein dicker Brei werden. Daher nur so viel Wasser hinzufügen, wie zum Mixen unbedingt nötig ist. Um das dicke Püree durch ein Sieb zu drücken, braucht es Geduld und Kraft; dies ist aber wichtig, damit die zähen Häutchen nicht im Püree zurückbleiben. Und der Aufwand lohnt sich: Das Püree wird auf diese Weise wunderbar zart und fein.

• Die frischen Eierschwämme müssen vor dem Kochen unbedingt gründlich gewaschen werden, am besten mit der Brause, um sämtliche Reste von Erde zu entfernen. Da sie sehr schwer verdaulich sind, muss man sie mindestens 10 Minuten kochen, damit sie gut verträglich sind.
• Das Tomatenmark gibt dem Pilzragout eine schöne Farbe und nimmt der Sauce ihre leichte Bitterkeit.

Kalbsbraten im Heu geschmort mit Hirse und Bohnen

600 g Kalbsrollbraten
(vom Metzger
binden lassen)
1 EL Erdnussöl
Heu
½ l Weisswein
½ l Gemüsebouillon
100 g Butter, kalt
Salz

Den Braten im heissen Öl kräftig anbraten und auf ein Heubett in eine Bratform mit Deckel legen. Weisswein und Bouillon erwärmen und dazugiessen. Das Fleisch sollte zu ungefähr zwei Dritteln damit bedeckt sein. Den Braten mit einer dicken Schicht Heu belegen und das Fleisch richtig ins Heu einpacken. Den Deckel auflegen oder die Bratform mit Alufolie zudecken.
Den Ofen auf 200 Grad vorheizen.
Den Braten bei 200 Grad solange erhitzen, bis die Flüssigkeit zu kochen beginnt, dann die Temperatur auf 120 Grad reduzieren und das Fleisch mindestens 2 Stunden im Ofen schmoren lassen.

Für die Sauce die Flüssigkeit aus dem Bräter durch ein Sieb in ein Pfännchen abgiessen und die kalte Butter mit dem Schneebesen in die kochende Flüssigkeit einrühren. Falls nötig mit etwas Gemüsebouillonpaste nachwürzen.

Den Braten aus dem Heu nehmen, die Schnur entfernen und das Fleisch vorsichtig, ohne Druck auf das Fleisch zu geben, in 1–2 cm dicke Scheiben schneiden. Mit der Sauce anrichten und sofort servieren.

Tipps

• Der Braten kann bei niedriger Temperatur stundenlang im Ofen schmoren und einen wunderbaren herben Duft verbreiten.
• Statt Kalb nehme ich für dieses Gericht manchmal eine gebundene Schulter vom Alpschwein. Ein Schwein, das den ganzen Sommer auf der Alp verbracht hat, sich dort frei bewegen und gesund ernähren konnte, hat ein wunderbar saftiges, geschmackvolles Fleisch.

• Ich verwende ausschliesslich Bio-Heu; am aromatischsten ist es, wenn es aus den Bergen oder zumindest aus höheren Lagen kommt.
• Diese einfache Sauce ist ein Konzentrat von Fleischsaft und Heu, sehr intensiv im Geschmack und doch fein und durch die Butter von weicher Konsistenz. Sie wird erst ganz kurz vor dem Servieren zubereitet und sollte dann nicht mehr lange stehen, sondern möglichst sofort serviert werden.
• Wenn das Fleisch von guter Qualität ist, wird nicht mehr viel Flüssigkeit im Bräter zurückbleiben, da ein Teil davon vom Heu aufgesogen wurde, und qualitativ gutes Fleisch beim Schmoren nicht viel Saft abgibt.

Hirse

250 g Hirse
400 ml Gemüsebouillon
2 EL Sonnenblumenöl

Die Hirse in einem Sieb unter fliessendem heissem Wasser spülen, bis das Wasser klar abfliesst. Die Hirse mit der Gemüsebouillon aufkochen, dann die Hitze reduzieren und die Hirse zugedeckt quellen lassen, dabei ab und zu umrühren. Sobald sie sämtliche Flüssigkleit aufgesogen hat, den Topf vom Herd ziehen und die Hirse zugedeckt fertig ausquellen lassen, bis sich die Körner mit der Gabel gut lockern lassen. Dies dauert gut 30 Minuten.

Tipp

Hirse ist ein uraltes, oft verkanntes Getreide, das älteste von Menschen kultivierte Getreide überhaupt. Bei uns war die Hirse das Hauptnahrungsmittel, bevor Kartoffeln und Mais eingeführt wurden. Damit Hirse nicht klumpig wird und bitter schmeckt, ist das gründliche Waschen vor der Zubereitung sehr wichtig. Dadurch werden Bitterstoffe und Stärke ausgespült.

Bohnen

400 g Bohnen, geputzt,
lange halbiert
1 EL Butter
½ kleine Zwiebel,
fein geschnitten

Einen Topf mit Wasser aufsetzen, sehr stark salzen und zum Kochen bringen. Sobald das Wasser kocht, die Bohnen hineingeben und mit der Siebkelle sanft ins Wasser drücken. So schnell wie möglich das Wasser wieder zum Kochen bringen. In einem Pfännchen die Butter aufschäumen lassen und die Zwiebeln darin sanft glasig dünsten. Wenn die Bohnen noch leicht knackig, aber biegsam und schön grün sind, sind sie gar (sie sollten noch zwischen den Zähnen quietschen). Die Bohnen in ein Sieb abgiessen, gut abtropfen lassen und sofort mit der Butter mischen.

Tipps

• Frische Bohnen sind ein wunderbares zartes Gemüse. Am besten schmecken sie, wenn sie am selben Tag gekocht werden, an dem sie gepflückt wurden. Je frischer sie sind, desto zarter sind sie und desto kürzer dauert die Kochzeit. Auch bleiben so Vitamine und Mineralstoffe besser erhalten.
• Bohnen brauchen mehr Salz als andere grüne Gemüse. Das Kochwasser muss richtig versalzen schmecken.
• Statt Zwiebeln kann als Variante auch Knoblauch verwendet werden: Knoblauchzehen der Länge nach halbieren und mit der Schnittfläche nach unten in die schäumende Butter legen. Auf kleinem Feuer dünsten, bis er glasig ist und auf diese Weise seinen Geschmack an die Butter abgegeben hat; den Knoblauch dann wegwerfen.
• Die abgezupften Blättchen von 1 Zweig Bohnenkraut zur Butter geben, oder den ganzen Zweig mitdünsten und anschliessend wieder entfernen.

Kalbsbraten im Heu geschmort mit Hirse und Bohnen

Schlorzifladen

**Für 1 rundes Kuchenblech
(30 cm Durchmesser)**

**1 Portion süsser Mürbeteig
(nach Grundrezept
Seite 164)**

Füllung
4 Eier
400 Rahm
2 EL Zucker
**500 g Birnweggenfüllung
(Schlorzimasse)**

Den Teig nach Grundrezept zubereiten.
Für die Füllung Eier, Rahm und Zucker gut verquirlen.
Den Backofen auf 180 Grad vorheizen.
Ein Kuchenblech mit Backpapier auslegen. Den
Mürbeteig auf Blechgrösse auswallen und ins Blech
legen. Die Birnweggenfüllung gleichmässig auf
den Teig streichen. Die Ei-Rahm-Mischung darübergiessen.
Den Fladen bei 180 Grad Umluft 45 Minuten goldgelb backen. Vor dem Servieren etwas auskühlen
lassen.

Tipps

• Dies ist ein altes, sehr nahrhaftes ländliches
Toggenburger Gebäck, das ursprünglich in der
Silvesternacht um Mitternacht gegessen wurde.
• Der Kuchen schmeckt lauwarm am besten. Man
kann ihn problemlos am zweiten Tag noch einmal
kurz im Ofen wärmen.

• Die Birnweggenmasse selbst herzustellen ist
sehr aufwendig: Dazu werden gedörrte Birnen eingeweicht, durch den Fleischwolf getrieben, mit
Lebkuchengewürz, Zucker und Obstbranntwein
abgeschmeckt und durch ein Sieb gestrichen. Die
Masse ist fertig im Lebensmittelhandel erhältlich
und kann nach Belieben individuell nachgewürzt
werden, zum Beispiel mit Schnaps, Kardamom,
Zimt, Nelken, Vanille oder Zitronenschale.
• Der Teigboden besteht traditionell aus einem
Kuchenteig. Ich verwende lieber einen süssen
Mürbeteig, der den herben Geschmack der
gedörrten Birnen optimal ergänzt.

Schönheit und Harmonie

Vor dem Hereinbrechen des Winters zeigt sich die Natur noch einmal in ihrer ganzen Fülle. Die Bäume leuchten bunt, in den Gärten blühen die Blumen in unglaublicher Farbenpracht, wir können noch reichlich Gemüse ernten und im Wald die besten Pilze sammeln. Es ist Jagdzeit.

Der Oktober entspricht dem Sternzeichen Waage. Die Waage ist die Künstlerin unter den Sternzeichen, sie strebt nach Schönheit und Harmonie in allen Bereichen des Lebens. Sie umgibt sich gerne mit Menschen und mit schönen Dingen. Sie ist eine wunderbare Gastgeberin, die es versteht, eine gute Stimmung zu verbreiten.

Oktober-Gerichte sind schön, leicht, ausgewogen, harmonisch, künstlerisch, bunt, luxuriös, edel, lieblich und duftend. Dazu passen eine schöne Präsentation, farbenfrohe Gerichte, Edelpilze, Broccoli, Blumenkohl, Champagner, Reh, Zuckermais, Lavendel, Vanille, Hagebutten und Trauben.

Das Oktober-Menü

Leichte Gemüseterrine mit buntem Blattsalat

Fischröllchen in saurer Mangosauce

Gebratene Steinpilze auf Champagner-Risotto

Brikteig-Gemüsebeutel mit Tomatensauce und Zuckermais

Pannacotta mit Hagebuttensauce

Leichte Gemüseterrine

Für eine Terrinenform von 600 ml Inhalt (30 x 6 x 5 cm)

Ca. 400 g verschiedene Sorten Gemüse: Blumenkohl und Broccoli, in kleine Röschen zerteilt, Karotten und Kohlrabi, in Stäbchen geschnitten, Bohnen und kleine Champignons, ganz (gerüstet insgesamt ca. 250 g)
250 ml Vollrahm
250 ml Gemüsebouillon
1 Prise Currypulver
1 Schuss Noilly Prat (trockener weisser Wermut)
1 gestrichener TL Agar-Agar

Die Terrinenform mit Klarsichtfolie auskleiden. Die Gemüse in Salzwasser weich kochen, kalt abschrecken und gut abtropfen lassen. Rahm, Bouillon, Curry und Noilly Prat zum Kochen bringen. Das Agar-Agar mit dem Schwingbesen in die Flüssigkeit einrühren und 5 Minuten unter ständigem Rühren köcheln lassen. Das Gemüse dicht in die Terrinenform einschichten; sehr schön sieht es beim späteren Aufschneiden aus, wenn man die Gemüseröschen und Champignons stehend, die Stäbchen und Bohnen liegend einschichtet. Die Rahmmischung über das Gemüse giessen, sodass dieses bedeckt ist. Die Terrine mindestens 2 Stunden kalt stellen. Sie wird erst beim Erkalten fest. Die Terrine mit einem grossen, scharfen Messer aufschneiden und mit einem Blattsalat nach Belieben anrichten.

Tipps

• Die Gemüse können je nach Lust und Angebot variiert werden.
• Damit die Folie glatt an der Form klebt, öle ich die Terrinenform leicht ein.
• Zum Aufschneiden der Terrine nehme ich ein Filetiermesser, das heisst ein sehr dünnes und scharfes Messer. Die Gemüse dürfen beim Schneiden nicht zerdrückt werden.
• Das Bindemittel Agar-Agar wird aus der japanischen Rotalge hergestellt; es ist rein pflanzlich und vollkommen geschmacksneutral. Agar-Agar ist etwas heikel zu verarbeiten; die Mengenangaben sind genau einzuhalten. Die Konsistenz der Terrine muss fest genug sein, damit sie gut schneidbar ist, sollte aber so weich sein, dass sie beim Essen in der Wärme der Mundhöhle schmilzt.
• Die Terrine kann problemlos schon einen Tag im Voraus zubereitet werden.

Fischröllchen in saurer Mangosauce

Fischröllchen in saurer Mangosauce

4 Flunderfilets (ca. 200 g)
200 g Lachsrückenfilet
4 Algenblätter
wenig weisses Meersalz

Saure Mangosauce
1 saure (unreife) Mango
1 mittlere Zwiebel,
fein geschnitten
1 Zweig Curryblätter,
Blätter abgezupft
½ Chilischote,
fein geschnitten
½ gestrichener TL
Kreuzkümmel
½ gestrichener TL
Kurkuma
300 ml konzentrierte
(stark gesalzene)
Gemüsebouillon
1 EL Fischfond
100 ml Vollrahm

Die Flunderfilets flach klopfen. Das Lachsfilet quer in etwa 3 mm dünne Scheiben schneiden. Die Flunderfilets zu drei Vierteln mit dem Lachs belegen und leicht salzen. Die Algenblätter so zurechtschneiden, dass sie den Lachs bedecken. Die beiden Fischlagen und das Algenblatt satt einrollen; das Ende gut andrücken. Jede Rolle in drei gleich grosse Stücke schneiden und diese mit einer breiten Messerklinge sanft flach drücken. Die Fischröllchen über Dampf, im Kombisteamer oder im zugedeckten Topf in wenig Bouillon auf den Punkt garen (die Bouillon darf unter keinen Umständen kochen); dies dauert insgesamt etwa 3–5 Minuten, 2–3 Minuten auf der einen, den Rest der Zeit auf der anderen Seite.

Für die Sauce die Mango schälen und in grobe Stücke schneiden.
Alle weiteren Zutaten ausser dem Rahm zusammen aufkochen (den Mangostein mitkochen) und alles so lange kochen, bis das Mangofleisch weich ist. Das Mangofleisch zerdrücken, den Rahm dazugeben und nochmals etwas einkochen. Abschmecken und eventuell noch etwas frischen Zitronensaft dazugeben, falls die Sauce zu wenig sauer ist.
Die Sauce durch ein Haarsieb in ein zweites sauberes Pfännchen giessen und die Rückstände gut auspressen.

Tipps
• Es kann ein beliebiges weisses Fischfilet verwendet werden; damit es sich gut rollen lässt, muss es aber flach sein.
• Die saure Mangosauce habe ich von unserem äusserst begabten tamilischen Koch Valli gelernt. Er nimmt dafür unreife Mangos, die so in Asienläden angeboten werden. Auch die Curryblätter gibt es dort zu kaufen.
• Der Rahm in der Sauce kann durch ungesüsste Kokosmilch ersetzt werden.
• Die Sauce schmeckt auch sehr gut zu vegetarischen Gerichten wie z.B. Getreidebratlingen. In diesem Fall den Fischfond weglassen.

Gebratene Steinpilze auf Champagner-Risotto

Gebratene Steinpilze auf Champagner-Risotto

180 g frische Steinpilze,
gesäubert
(nicht waschen!)
2 EL Olivenöl
1 EL Butter
wenig Meersalz

Einen Risotto mit Zwiebeln zubereiten (siehe Grundrezept Seite 163). Sobald der Reis gar ist, einen Schuss Champagner dazugeben und etwas verdampfen lassen. Zuletzt etwas geschlagenen Rahm daruntermischen.

Die Pilze in ½ cm dicke Scheiben schneiden. Olivenöl und Butter ziemlich stark erhitzen, die Steinpilze hineinlegen, mit sehr wenig feinem Meersalz würzen und auf beiden Seiten braun braten.

Tipps
- Edler als im klassischen Steinpilzrisotto werden Pilze und Risotto hier separat zubereitet; sie bewahren so ihren eigenständigen Geschmack und ergänzen sich doch durch die Säure des Champagner-Risottos und den erdigen Geschmack der Pilze aufs Köstlichste.
- Steinpilze müssen für einen optimalen Genuss möglichst frisch sein; allenfalls kann man auch gefrorene Steinpilze verwenden, die noch halb gefroren gebraten werden (sind sie ganz aufgetaut, werden sie matschig). Mit getrockneten Steinpilzen hingegen lässt sich kaum ein vergleichbares Resultat erzielen. Frische Steinpilze schmecken so gut, dass sie fast kein Salz benötigen.
- Beim Braten ist Vorsicht geboten: Bei zu grosser Hitze verbrennen die kostbaren Pilze, bei zu kleiner Hitze ziehen sie Wasser und werden matschig.
- Den Risotto nach Beigabe des Schlagrahms nicht mehr kochen lassen, damit die schaumige Beschaffenheit erhalten bleibt.

Brikteig-Gemüsebeutel mit Zuckermais und Tomatensauce

Brikteig-Gemüsebeutel mit Zuckermais und Tomatensauce

100 g Zucchetti
100 g Lauch, geputzt
100 g Stangensellerie
100 g Karotten, geschält
100 g Zuckermaiskörner
50 ml Sonnenblumenöl
1 EL frische gemischte
Kräuter, fein geschnitten
¼ TL Kräutermeersalz
4 runde Brikteigblätter
4 lange Lauchstreifen oder
Schnittlauchhalme

Tomatensauce (siehe
Grundrezept Seite 164)
einige Zuckermaiskörner
(siehe rechts) nach
Belieben als Garnitur

Sämtliche Gemüse in feine Streifen schneiden (Julienne). Im ziemlich heissen Öl weich dünsten. Kräuter und Meersalz dazugeben. Das Gemüse in einem Sieb abtropfen und auskühlen lassen.
In die Mitte der Brikteigblätter jeweils ein Häufchen Gemüse geben, den Teig über dem Gemüse zusammenraffen, sodass eine Art Beutel entsteht, und mit einem Lauchstreifen oder einem langen Schnittlauchhalm verschnüren.
Im auf 200 Grad vorgeheizten Ofen 10 Minuten knusprig backen.
Die fertig gebackenen Gemüsebeutel anrichten, mit Tomatensauce umgiessen und nach Belieben mit Zuckermaiskörnern garnieren.

Tipps

• Dies ist eine sehr dekorative vegetarische Hauptspeise. Brikteig (auch Filo- oder Yufkateig) sind dünne Weizenteigblätter, ähnlich Frühlingsrollenteig; sie sind in griechischen und türkischen Spezialitätengeschäften erhältlich. Brikteig wird in der Regel frittiert, kann aber auch im Ofen gebacken werden.

• Die Gemüsefüllung kann je nach Saison variiert werden. Harmonische Kombinationen sind z.B. im Herbst: Lauch, Karotten, Zuckermais, Stangensellerie, Zucchetti und Kräuter; im Winter: Lauch, Karotten, Sellerie, Zwiebeln und wenig Topinambur; im Frühling: Spinat, frischer Knoblauch, Radieschen, Frühlingszwiebeln und Spargeln; im Sommer: Peperoni, Zwiebeln, Zucchetti, Auberginen und Kräuter; oder chinesisch: Lauch, Zwiebeln, Chinakohl, Sojasprossen, Karotten und Pilze.
• Für gute Esser sollte man als Hauptgericht mindestens zwei Gemüsebeutel rechnen oder zusätzlich noch einige Scheiben Rehrückenfilet dazu reichen, was ausgezeichnet passt.

Zuckermais

Zuckermais

4 frische Maiskolben,
Hüllblätter und Fäden
entfernt
1 TL Butter
wenig weisses Meersalz

Die Maiskolben 15 Minuten im Dampfkochtopf oder 30 Minuten in kochendem Salzwasser weich kochen. Die Maiskolben auf ein Brett legen und mit einem grossen scharfen Messer die Körner – am besten reihenweise – vom Kolben schneiden und dann voneinander lösen.
Die Butter in einer Pfanne aufschäumen lassen, leicht salzen, die Maiskörner dazugeben und gut mischen.

Tipp

Die Körner von frischem Zuckermais sind eine wahre Delikatesse! Frisch, leicht, saftig, knackig, süss. Ich rechne mindestens einen ganzen Kolben pro Person, denn man kann fast nicht genug davon bekommen.

Pana cotta mit Hagebuttensauce

Pannacotta mit Hagebuttensauce

Für eine kleine Terrinen-
form von ½ l Inhalt oder
für 4 Portionen-Soufflé-
förmchen (ersatzweise
Kaffeetassen)

½ l Rahm
1 Vanilleschote
4 EL Akazienhonig
½ gestrichener TL
Agar-Agar

Hagebuttensauce
150 ml Hagebuttenmark
75 g Zucker
50 ml Wasser oder
Mineralwasser

Den Rahm in ein kleines Pfännchen giessen. Die
Vanilleschote längs aufschlitzen, das ausgekratzte
Mark und die Schote zum Rahm geben, ebenso
den Honig.
Das Agar-Agar unter ständigem Rühren mit dem
Schwingbesen in den Rahm einrieseln lassen. Den
Rahm aufkochen und 5 Minuten leise köcheln
lassen, dabei ständig mit dem Schwingbesen
rühren. Die Vanilleschote entfernen.
Die Terrinenform mit Klarsichtfolie auslegen.
Die Rahmmischung in die Form giessen und im
Kühlschrank erkalten lassen.
Alle Zutaten zur Sauce gut miteinander vermi-
schen.
Die Terrine vor dem Servieren stürzen, in Scheiben
aufschneiden und mit Hagebuttensauce oder einer
anderen Fruchtsauce servieren.

Tipps
• Obwohl Pannacotta aus Vollrahm besteht, ver-
mittelt sie dadurch, dass sie im Mund sofort
schmilzt und auf der Zunge zergeht, den Eindruck
von Leichtigkeit.
• Statt der Hagebuttensauce passen auch andere
Fruchtsaucen, je nach Saison z.B. aus Erdbeeren,
Himbeeren, Aprikosen, Holunder, Mandarinen oder
Orangen. Sehr gut passt auch ein guter Eierkirsch,
Eierlikör oder Amaretto dazu.
• Hagebuttenmark selbst herzustellen, ist sehr
arbeitsintensiv. Wir kaufen es in Hochwald, dem
einzigen Ort in der Schweiz, wo es im Herbst
jeweils in grösseren Mengen frisch hergestellt wird.
Man kann es problemlos in kleineren Portionen
einfrieren.
• Das Hagebuttenmark kann auch als Grundlage
für ein Sorbet oder Parfait verwendet werden.
Oder die Sauce mit kohlensäurehaltigem Mineralwasser und nach Bedarf zusätzlich Weisswein
verdünnen und so als Aperitif servieren.

Intensität der Gefühle

Die Pflanzen sterben ab, die Natur bereitet sich auf den Winterschlaf vor. Es ist die Zeit von Nebelgrau, erstem Schneegestöber, wilden Herbststürmen und auch einzelnen immer noch warmen Sonnentagen – eine Zeit extremer Kontraste. Die Menschen ziehen sich in die Häuser und in sich selbst zurück. Sie befassen sich jetzt oft mit existenziellen Fragen, Fragen um Leben und Tod und um den Sinn des Lebens. Es ist eine emotional sehr intensive Zeit.

Der November entspricht dem Sternzeichen Skorpion. Der Skorpion lebt intensiv und steht immer unter Druck, was gelegentlich zu Explosionen führen kann. Er liebt Sinnlichkeit und Erotik ebenso wie tiefschürfende Gespräche.

November-Gerichte sind intensiv, extrem, kontrastreich, sinnlich, betäubend, dunkel und scharf. Dazu passen intensive Farben, Kürbis, Nüsslisalat, Wild, Mohn, Rotkohl, Trüffel, Tintenfische, Ingwer, Meerrettich, Feigen und Granatäpfel.

Das November-Menü

Kürbis-Timbale mit Nüsslisalat

Zweifarbige Ingwer-Randen-Suppe

Gebratenes Kabeljaufilet mit roter Peperonicreme und Tinten-Risotto

Rehschnitzel mit Heidelbeersauce, Mohnspätzli und Rotkraut

Gefüllter Apfelring mit karamellisierten Marroni

Rotweinfeigen mit Honigeis

Kürbis-Timbale mit Nüsslisalat

Für 4 Timbale- oder Souffléformen (ersatzweise Kaffeetassen)

250 g Kürbisfleisch
(1 kleiner Kürbis, geschält, entkernt, gewürfelt)
¼ TL Gemüsebouillonpaste
3 Eier
50 ml Vollrahm
1 Msp. geriebene Muskatnuss

Nüsslisalat und geröstete Kürbiskerne zum Anrichten

Die Kürbiswürfel mit wenig Wasser und Gemüsebouillonpaste sehr weich kochen. Im Mixer fein pürieren. Eier und Rahm dazugeben und kurz mitmixen. Mit wenig Muskatnuss würzen.

Die Förmchen mit wenig Öl ausstreichen. Um ganz sicher zu gehen, dass nichts kleben bleibt, den Boden der Förmchen eventuell zusätzlich mit passend zurechtgeschnittenem Backpapier belegen. Die Masse in die Förmchen füllen und die Timbales in ein Wasserbad stellen (siehe Seite 30). Im vorgeheizten Ofen bei 170 Grad etwa 30 Minuten oder im Kombisteamer bei 80 Grad mit 100 Prozent Dampf zirka 15 Minuten pochieren, bis sie fest sind.

Die Timbales noch lauwarm aus den Förmchen stürzen und mit Salat und gerösteten Kürbiskernen anrichten.

Tipps
- Mit einem Pilzragout und frischen Nudeln oder Spätzli ergeben die Timbales einen vegetarischen Hauptgang.
- Für diese Timbales bevorzuge ich einen festfleischigen, intensiv orangefarbenen Kürbis wie Oranger Knirps (Potimarron).

Randensuppe

250 g Randen (Rote Bete),
ungeschält
250 ml konzentrierte
(stark gesalzene)
Gemüsebouillon
1 TL Apfelessig

Die ganzen, ungeschälten Randen mit wenig
Wasser im Dampfkochtopf 20 Minuten oder in
kochendem Salzwasser 60 Minuten weich kochen.
Herausnehmen, schälen, in Stücke schneiden und
mit Gemüsebouillon und Essig im Mixer fein
pürieren.
Das Randenpüree in einen kleinen Topf giessen,
wenn nötig verdünnen und mit Gemüsebouillonpaste nachwürzen. Die Suppe langsam erhitzen,
sie darf nun aber nicht mehr kochen, damit sie ihre
intensive violette Farbe behält.

Zum Anrichten kann man zuerst die Ingwersuppe
in den Teller giessen, dann in die Mitte die Randensuppe geben und diese mit einem Stäbchen nach
aussen ziehen. Oder beide Suppen gleichzeitig
vorsichtig in den Teller giessen, sodass die Suppe
zweigeteilt ist. Dann mit einem Stäbchen oder
einer Gabel die beiden Teile verbinden, ein Yin-
Yang-Zeichen formen oder wild marmorieren.

Tipps

• Den besten und geschmacklich intensivsten
Ingwer bekommen Sie im Asienladen. Die Ingwer-
knollen sollten fest und knackig sein, das Innere
einen schönen Gelbton aufweisen. Ingwer von
guter Qualität verleiht der Suppe nicht nur Schärfe,
sondern auch einen intensiv duftenden Ingwer-
geschmack.
• Die Randensuppe bildet sowohl geschmacklich
wie optisch einen starken Kontrast zur Ingwersuppe. Zusammen genossen, harmonieren die
beiden Suppen aber wunderbar. Randen sind
schwer und erdig, Ingwer ist frisch und leicht.

Ingwersuppe

6 EL gekochter Reis
80 g frischer Ingwer,
geschält, in feine
Scheibchen geschnitten
400 ml konzentrierte
(stark gesalzene)
Gemüsebouillon
4 EL Sonnenblumenöl
100 ml Rahm
1 Prise Kurkuma

Den Reis mit dem Ingwer in der Gemüsebouillon
sehr weich kochen. Alles im Mixer auf höchster
Stufe ganz fein mixen, dabei langsam das Öl ein-
fliessen lassen.
Die Suppe durch ein Haarsieb zurück in den Topf
giessen, dabei die Rückstände gut auspressen.
Rahm und Kurkuma hinzufügen und wenn nötig
die Suppe noch verdünnen und mit Gemüsebouillonpaste nachwürzen.

Kabeljaufilet mit Tinten-Risotto

Tinten-Risotto
1 kleine Zwiebel,
fein gehackt
2 EL Olivenöl
200 g Risottoreis (Arborio
oder Carnaroli)
1 Säckchen Tinte
vom Tintenfisch
1 Schuss saurer Most
300 ml Gemüsebouillon

Gebratenes Kabeljaufilet
Erdnussöl zum Braten
400 g Kabeljau,
in Filetstücke geschnitten
Meersalz

Für den Risotto die Zwiebel im Olivenöl glasig dünsten. Den Reis mit der Tinte dazugeben und ebenfalls glasig dünsten. Mit saurem Most ablöschen. Die Gemüsebouillon nach und nach unter ständigem Rühren dazugeben, bis der Risotto weich ist, aber noch Biss hat (der innerste Kern des Reiskorns darf nicht mehr weiss, das heisst mehlig sein). Der Risotto sollte tiefschwarz glänzend sein und einen feinen Meeresgeschmack aufweisen.

Für den Fisch eine Bratpfanne leer erhitzen, etwas Erdnussöl hineingeben und die Fischfilets sofort in die Pfanne legen. Den Fisch mit Meersalz würzen und auf beiden Seiten je nach Dicke der Filets insgesamt 4–7 Minuten gut braten.

Fisch und Risotto zusammen mit einer roten Peperonisauce (zubereitet nach Rezept Seite 70) anrichten.

Tipps
• Kabeljau ist ein äusserst schmackhafter, oft unterschätzter Raubfisch. Für Meeresfische konsultieren Sie die Liste des WWF, auf der alle bedrohten und alle zum Kauf empfohlenen Fische aufgeführt sind. Statt Kabeljau, der nicht immer erhältlich ist, verwenden wir auch oft den festfleischigen Zander, ein Süsswasser-Raubfisch.
• Die Tinte für den Risotto bekommen Sie, in kleine Beutelchen abgefüllt, beim Fischhändler oder im Delikatessengeschäft.

Rehschnitzel mit Heidelbeersauce

600 g Rehschnitzel,
ca. 1 cm dick geschnitten
1 EL Erdnussöl
Meersalz und Pfeffer
aus der Mühle

Heidelbeersauce
1 kleine Zwiebel,
klein geschnitten
1 Lorbeerblatt
4 schwarze Pfefferkörner
1 EL Olivenöl
200 ml Rotwein
100 ml Wildfond
2 EL Heidelbeersaft
1 gestrichener TL
Bouillonpaste
60 g Butter
1 EL Heidelbeeren

Für die Sauce Zwiebel, Lorbeerblatt und Pfefferkörner im heissen Olivenöl anbraten, bis die
Zwiebeln gebräunt sind. Mit zwei Dritteln des Rotweins ablöschen und diesen vollständig einkochen
lassen. Dann den Wildfond und den restlichen
Rotwein dazugeben und wiederum einkochen
lassen. Den Heidelbeersaft dazugeben und nochmals einkochen. Die Bouillonpaste darunterrühren
und alles durch ein Haarsieb in ein kleines Pfännchen giessen. Die Sauce erneut aufkochen und
die Butter mit dem Schwingbesen einrühren, bis
die Sauce sämig ist und einen schönen Glanz hat.
Ganz am Schluss die Heidelbeeren in die Sauce
geben. Die Sauce darf nun nicht mehr kochen,
damit die Heidelbeeren schön und ganz bleiben.

Eine Bratpfanne leer stark erhitzen. Sobald sie
heiss ist, das Öl hineingeben und sofort die
Schnitzel in die Pfanne legen. Mit Salz und Peffer
würzen. Nach 2 Minuten die Schnitzel wenden,
auf der zweiten Seite ebenfalls würzen und nochmals etwa 1 Minute braten.

Das Fleisch sofort mit der Heidelbeersauce
anrichten.

Tipps

• Rehschnitzel müssen bei grosser Hitze, dürfen
aber nur kurz gebraten werden. Rehfleisch wird
sehr schnell trocken und wie Leber mehlig und
hart, wenn es zu stark durchgebraten ist. Das
Fleisch sollte innen zartrosa bis rot sein.

• Die Heidelbeersauce wird wie eine Rotweinsauce zubereitet, aber mit Wildfond. Zu dieser Jahreszeit gibt es natürlich keine frischen Heidelbeeren
mehr, es gibt sie aber gefroren oder eingemacht
in Gläsern zu kaufen. Ich bevorzuge Letztere; sie
sind in Heidelbeersaft eingelegt, der sehr dunkel
und nur leicht gesüsst ist. Ein wenig von diesem
Saft gibt der Sauce eine schöne dunkle Farbe mit
einem leichten Violettstich. Wie alle mit Butter
gebundenen Saucen sollte die Heidelbeersauce
nach der Fertigstellung nicht mehr lange stehen
bleiben, da sonst die Butter wieder ausgeschieden
wird.

• Nur wilde Heidelbeeren haben den typischen
Geschmack und sind durch und durch schwarz. Bei
den Zuchtheidelbeeren (Blaubeeren) ist nur die
Haut dunkel, das Fruchtfleisch ist hell. Statt Heidelbeeren können auch ganz am Schluss Trauben
oder Preiselbeeren in die Wildsauce gegeben
werden.

Rotkohl

2 EL Erdnussöl
400 g Rotkohl, in feine
Streifen geschnitten
1 kleine Zwiebel, in feine
Streifen geschnitten
100 ml klarer saurer Most
1 gestrichener TL
Gemüsebouillonpaste
1 EL Gelee nach
Geschmack (z.B. Johannis-
beer- oder Apfelgelee)
4 EL Apfelessig
1 Lorbeerblatt
2 Wacholderbeeren

Das Öl erhitzen, Rotkohl und Zwiebel darin gut
andünsten, bis das Gemüse mit einem schönen
Glanz überzogen ist. Den Most und die weiteren
Würzzutaten dazugeben und alles ungefähr
45 Minuten zugedeckt auf kleinem Feuer
schmoren lassen; dabei ab und zu umrühren.

Tipp

Das Rotkraut braucht einige Zeit, bis es weich ist,
es kann aber gut schon im Voraus zubereitet und
später wieder aufgewärmt werden. Es ist eines der
wenigen Gemüse, die aufgewärmt noch besser
schmecken als frisch. Man kann also gut gleich die
doppelte Menge kochen.

Rehschnitzel mit Heidelbeersauce, Mohnspätzli und Rotkraut, dazu karamellisierte Marroni und gefüllter Apfelring

Mohn-Spätzli

200 g Mehl
20 g Griess
2 Eier
50 g Magerquark
1 TL Meersalz
ca. 100 ml Wasser
2 EL Mohnsamen, trocken geröstet
1 EL Butter zum Braten

Alle Zutaten in der Küchenmaschine mischen und stark schlagen, bis der Teig Blasen wirft. Die benötigte Wassermenge hängt von der Grösse der Eier und dem Stärkegehalt des Mehls ab. Wenn nötig, noch etwas Wasser nachschütten. Der Teig sollte zähflüssig sein. Den Teig ½ Stunde ruhen lassen.
Dann den Teig durch ein Spätzlisieb direkt in gesalzenes kochendes Wasser schaben.
Die Spätzli mit einer Siebkelle herausheben, gut abtropfen lassen und in der aufschäumenden Butter leicht knusprig braten, wenn nötig nachsalzen. Falls die Spätzli nicht direkt weiterverwendet werden, herausheben, kalt abschrecken, gut abtropfen lassen und mit etwas Öl vermischen. Vor dem Servieren dann in aufschäumender Butter leicht knusprig braten.

Tipp

Spätzli können in vielen Variationen sehr abwechslungsreich zubereitet werden, statt mit Mohn z.B. mit frischen gehackten Kräutern, mit gekochtem gehacktem Spinat, gemahlenen gerösteten Haselnüssen, Kastanienpüree usw.

Gefüllte Apfelringe

1 kleiner säuerlicher Apfel
½ l Wasser
½ EL Zitronensaft
½ EL Zucker
4 TL Preiselbeerkonfitüre

Den Apfel schälen und mit einem Apfelausstecher das Kerngehäuse herausstechen. Den Apfel in zirka 1 cm dicke Scheiben schneiden.
Das Wasser mit Zitronensaft und Zucker zum Kochen bringen, die Apfelringe darin, je nach Sorte, 2–4 Minuten weich kochen. In der Flüssigkeit warm halten.
Kurz vor dem Anrichten herausheben und gut abtropfen lassen. Preiselbeerkonfitüre oder eine andere säuerliche rote Konfitüre (z.B. Johannisbeerenkonfitüre) in das Loch in der Mitte der Apfelringe füllen.

Tipps

• Preiselbeerkonfitüre kann man gut selbst herstellen, was den Vorteil hat, dass man den Zuckergehalt deutlich reduzieren kann (auf 1 kg Beeren 500 g Zucker). Dazu werden frische oder gefrorene Preiselbeeren mit Zucker kurz aufgekocht. Wie Konfitüre in kleine Gläser abfüllen oder in kleinen Portionen einfrieren.
• Statt Apfelringe passen auch Birnenschnitze gut zu Wild.

Karamellisierte Marroni

2 gestrichene EL Zucker
80 g Marroni, tiefgekühlt
100 ml Wasser

Den Zucker zu Karamell schmelzen, bis er braun ist. Die Marroni hinzufügen und in der Pfanne schwenken. Das Wasser dazugiessen. Der sich dabei bildende Klumpen löst sich beim Weiterkochen wieder auf. Bei grosser Hitze so lange weiterkochen, bis keine Flüssigkeit mehr vorhanden ist und die Marroni schön mit Karamell überzogen sind.

Rotweinfeigen

400 ml guter Rotwein
½ Vanilleschote, längs halbiert, Mark ausgekratzt
2 gehäufte EL Zucker
¼ Zimtstange
2 Tropfen Orangenessenz
4 frische blaue Feigen

In einem möglichst kleinen Topf den Rotwein mit allen Würzzutaten aufkochen. Die ganzen Feigen hineingeben und zirka 5 Minuten auf kleinem Feuer kochen.
Die Feigen herausnehmen und den Rotweinsud auf Sirupdicke einkochen.
Zum Anrichten die Feigen halbieren oder vierteln und mit dem Sirup übergiessen.

Tipps
• Für diese Zubereitung eignen sich nur frische reife blaue Feigen.
• Die Rotweinfeigen sind im Kühlschrank mehrere Tage haltbar.

Honigeis

Ergibt ½ Liter Eis

100 g Waldhonig
3 Eier
300 ml Rahm

Honig und Eier schaumig rühren. Den Rahm daruntermischen und die Masse in der Eismaschine gefrieren lassen.
Zur Zubereitung ohne Eismaschine: Den Rahm steif schlagen und vorsichtig unter die Honig-Ei-Masse ziehen. In eine Schüssel füllen und im Tiefkühler gefrieren. 15 Minuten vor Gebrauch aus dem Tiefkühler nehmen.
Zum Anrichten mit dem Eisportionierlöffel Kugeln abstechen.

Tipps
• Am liebsten verwende ich für dieses Eis den würzigen, etwas herben Waldhonig. Es eignen sich aber auch andere Honigsorten. Wichtig ist, dass der Honig aromatisch ist, also z.B. Kastanienhonig (bitter, herb), Lavendelhonig (duftend), Rosmarinhonig (würzig).
• Als Geschmacksvariante das Eis mit 1 Tropfen Orangenessenz würzen.

Dezember

Zeit der Träume

Die Natur schläft, die Tage sind kurz, die Nächte lang. Es ist Advent. Wir zünden Kerzen an, geniessen den Duft von Weihnachtsgebäck, schwelgen in der Fantasie und lassen unsere Gedanken in die Ferne schweifen. Im dunkelsten Monat des Jahres sehnen wir uns nach Licht und Wärme, nach Abenteuer und Reisen in fremde Länder.

Der Dezember entspricht dem Sternzeichen Schütze. Er liebt fremde Länder und Kulturen, ist gern auf Reisen oder träumt davon. Er ist offen für alles, grosszügig, tolerant und durch und durch Optimist. Er glaubt an das Gute und liebt das Leben.

Dezember-Gerichte sind fremdländisch, duftend, prachtvoll, wärmend, üppig und kräftig. Dazu passen Meeresfische, hausgemachte Pasta, Olivenöl, Rahm, Saucen, Gewürze, Zimt, Rosmarin, Rotwein, Kastanien, Ananas, Bananen, Mandarinen und Honig.

Das Dezember-Menü

Mit Roquefortmousse gefüllte Windbeutel mit Wintersalat

Trilogie von Meeresfischen mit Rosmarinsauce

Artischockenravioli

Lammrückenfilet mit Rotweinsauce

Maisplätzchen und Wirz

Marronimousse mit Rotweinpflaumen

Windbeutel mit Roquefortmousse

100 ml Milch
40 g Butter
1 Prise Salz
50 g Weissmehl
2 Eier

Roquefortmousse

30 g Roquefort
1 EL flüssiger Rahm
100 ml Schlagrahm

Milch, Butter und Salz aufkochen. Das Mehl im Sturz, auf ein Mal, dazugeben und mit dem Holzkochlöffel rühren, bis ein kompakter Teig entstanden ist. Vom Herd nehmen und etwas abkühlen lassen (auf etwa 60 Grad). Dann die Eier dazugeben und weiterrühren, bis sich der Teig vom Topf löst.
Den Teig in einen Spritzsack mit glatter Tülle füllen und mit grosszügigem Abstand Teighäufchen auf ein mit Backpapier belegtes Blech spritzen. Die Windbeutel gehen fast auf die doppelte Grösse auf. Im vorgeheizten Ofen bei 180 Grad etwa 25 Minuten backen. Herausnehmen, noch lauwarm quer halbieren und etwas auskühlen lassen.

Inzwischen für die Füllung den Roquefort und den flüssigen Rahm mit der Gabel gut vermischen, sodass eine homogene Paste entsteht. Den geschlagenen Rahm nach und nach darunterziehen. Die Roquefortmousse auf die Böden der Windbeutel verteilen und den Deckel lose daraufsetzen.

Mit einem Wintersalat nach Belieben servieren.

Tipps
• Die Windbeutel können gut auf Vorrat zubereitet und fertig gebacken im Gefrierer aufbewahrt werden. Sie müssen dann vor der Weiterverwendung kurz aufgebacken werden.
• Es braucht einige Kraft, den Teig aus dem Spritzsack zu drücken, da er ziemlich fest ist.

• Statt dem sehr intensiven Roquefort, ein französischer Blauschimmelkäse aus Schafmilch, der sehr eigen und kräftig im Geschmack ist, passt auch ein milderer Käse, wie St-André, reifer Camembert oder Rahm-Gorgonzola. In diesem Falle reicht die Hälfte des Rahms.
• Die Windbeutel können auch gut für Süssspeisen verwendet und mit Schlagrahm, einer Creme, Mousse oder einem Eis gefüllt werden. Je nach Füllung vor dem Servieren mit Puderzucker oder gesüsstem Schokoladenpulver bestäuben. Oder kleine ungefüllte Windbeutel mit warmer Schokoladensauce übergiessen.

Trilogie von Meeresfischen

Lachsklösschen

50 g Lachsfilet,
grob geschnitten
50 ml Rahm
wenig Zitronensaft
Meersalz
Wasser, Zitronensaft und
Meersalz zum Pochieren

Gebratene Fischfilets

150 g Merlan-Filet,
mit Haut
150 g Tacaud-Filet (Köhler,
Franzosendorsch),
ohne Haut
1 EL Olivenöl
Meersalz

Für die Lachsklösschen den Lachs zusammen mit allen weiteren Zutaten im Cutter (Blitzhacker) sehr schnell fein hacken. Es sollte eine kompakte gebundene Masse entstehen (siehe Tipps). Genügend Wasser mit Salz und etwas Zitronensaft zum Kochen bringen, dann den Topf etwas vom Feuer ziehen. Mit zwei Esslöffeln etwas Fischmasse abstechen und Klösschen formen, diese in das heisse Wasser legen (wichtig: das Wasser darf nicht mehr kochen!). Die Klösschen je nach Grösse 5–10 Minuten pochieren. (Solange das Wasser nicht kocht, können die Klösschen ruhig auch länger im Wasser bleiben, bis der Rest des Gerichts fertiggestellt ist.) Dann die Klösschen mit einer Siebkelle aus dem Wasser heben, in der Kelle auf Haushaltspapier gut abtropfen lassen und anrichten.

Die Fischfilets jeweils in vier gleichmässige Stücke schneiden. In heisses Olivenöl zuerst die dickeren, dann die dünneren Stücke legen, salzen und auf beiden Seiten braten; jene mit Haut zuerst auf der Hautseite braten und auf der Fleischseite nur noch ganz kurz. Dies dauert je nach Dicke der Filets insgesamt etwa 3–6 Minuten. Der Fisch sollte nur ganz knapp gegart sein, sodass er innen noch saftig und beinahe glasig ist.

Fischfilets und Klösschen nach Belieben auf einer Sauce (siehe rechts) anrichten.

Tipps

• Für die Fischklösschen müssen alle Zutaten sehr kalt sein, also direkt aus dem Kühlschrank kommen. Ausserdem ist ein Cutter (Blitzhacker mit scharfem Flügelmesser) unabdingbar. Das Zerkleinern im Cutter muss sehr schnell gehen, da sonst durch die dabei entstehende Reibungswärme die Masse auseinanderbricht und später beim Pochieren nicht bindet.

• Als Fischfilets eignen sich auch sehr gut die Edelsorten Petersfisch und Wolfsbarsch, die aber beide sehr teuer sind. Merlan und Tacaud hingegen sind relativ günstig, weniger bekannt, aber äusserst delikat. Ohne Klösschen kann das Gericht auch einfach mit drei verschiedenen Fischfilets zubereitet werden, farblich schön ist, wenn Lachs dabei ist. Es können selbstverständlich auch Süsswasserfische sein, z.B. je ein Filet von Zander und Forelle und für das Klösschen Lachsforelle.

Rosmarinsauce zu Fisch

Eine wunderbar duftende Sauce, die Ferienstimmung verbreitet.

100 ml Fischfond
1 TL getrockneter Rosmarin
½ TL Gemüsebouillonpaste
200 ml Vollrahm
1 TL frischer Rosmarin,
fein geschnitten

Den Fischfond mit dem getrockneten Rosmarin und der Bouillonpaste aufkochen, etwas einkochen lassen, einen Schuss Rahm dazugeben, wieder einkochen, erneut Rahm dazugeben und so fortfahren, bis der Rahm aufgebraucht ist und die Sauce eine sämige Konsistenz aufweist. Durch ein Haarsieb in ein zweites sauberes Pfännchen giessen und den Rosmarin gut auspressen. Den fein geschnittenen frischen Rosmarin dazugeben. Falls die Sauce zu dick ist, etwas Wasser hinzufügen, falls sie zu dünn ist, nochmals etwas einkochen.

Tipp

Rosmarinsauce zu Fisch mag ungewohnt erscheinen, das Herbe und Frische des Rosmarins passt jedoch ausgezeichnet zu Fisch.

Artischockenravioli

8 Artischocken
100 ml Olivenöl
Nudelteig nach
Grundrezept Seite 163,
mit 1 Ei zubereitet
Dunst (siehe Tipps)
zum Bestreuen

Von den Artischocken die Stiele abschneiden und gut schälen. Alle Blätter und die Haare, die sich auf dem Blütenboden befinden (das sogenannte Heu) entfernen. Alles so weit wegschneiden, bis nur noch die Böden, die sogenannten Artischockenherzen, übrig sind. Stiele und Böden in Salzwasser ungefähr 15 Minuten weich kochen.
Die Stiele und 6 Böden fein hacken, wenig Olivenöl dazugeben und wenn nötig nachsalzen. Die restlichen zwei Artischockenböden in nicht zu kleine Würfelchen oder Schnitze schneiden und für die Dekoration beiseite legen.

Den Nudelteig wie im Grundrezept beschrieben durch die Nudelmaschine treiben. Die Teigbahnen auslegen und mit dem Teigroller daraus längliche Rechtecke schneiden; sie müssen nicht unbedingt regelmässig sein.
Auf den unteren Drittel jedes Rechtecks ein Häufchen Artischockenfüllung geben, die Ränder mit einem Pinsel leicht mit Wasser befeuchten, den oberen grösseren Teil des Teigvierecks über die Füllung klappen und rund um die Füllung von innen nach aussen gut andrücken. Der Teig muss eng an der Füllung liegen, damit keine Luftblasen entstehen. Die fertig gefüllten Ravioli auf ein mit Backpapier belegtes und mit Dunst oder Griess bestreutes Blech setzen.
Kurz vor dem Servieren die Ravioli in reichlich Salzwasser, das auf kleinem Feuer nur ganz leise köchelt, 7 Minuten garen. Dann die Ravioli mit einer Siebkelle vorsichtig herausheben, in der Kelle auf Haushaltspapier gut abtropfen lassen und auf die Teller verteilen.
Die beiseite gelegten Artischockenwürfelchen im restlichen Olivenöl kurz erwärmen, wenn nötig salzen und alles über die Ravioli verteilen.

Tipps

• Dunst, auch als Dunstmehl, Feingriess oder (doppel)griffiges Mehl bezeichnet, ist ein Getreideprodukt, das gröber als Mehl, aber feiner als Griess ist. Er findet vor allem noch bei der Herstellung von Spätzli und Strudel sowie zum Bestreuen von selbst gemachten Teigwaren Verwendung.

• Die Ravioli können vorgefertigt roh eingefroren werden: Dazu nebeneinander auf ein mit Backpapier belegtes und mit Dunst oder Griess bestreutes Blech legen und so einfrieren. Sobald sie vollständig gefroren sind, können sie in ein verschliessbares Gefäss umgefüllt werden. Für den Gebrauch direkt gefroren ins Kochwasser geben und 1 Minute länger kochen.

• Mir gefällt es, wenn die Ravioli deutlich «selbst gemacht» aussehen und ganz unterschiedliche, unregelmässige Formen aufweisen, grössere und kleinere; so bleiben auch keine Teigreste.

• Artischocken färben die Finger braun, daher beim Verarbeiten Handschuhe tragen.

• Ich würze die Artischocken nur mit Salz und wenig Olivenöl. Schon wenig Parmesan, Ricotta oder Paniermehl schwächt den feinen Geschmack der Artischocken zu sehr ab.

Lammrückenfilet mit Rotweinsauce

500 g Lammrücken, ohne Knochen
Meersalz, Pfeffer aus der Mühle
Olivenöl

Rotweinsauce
1 kleine Zwiebel, klein geschnitten
1 Lorbeerblatt
4 schwarze Pfefferkörner
1 EL Olivenöl
200 ml Rotwein
100 ml dunkler Fleischfond
1 gestrichener TL Bouillonpaste
60 g Butter, kalt

Für die Sauce Zwiebel, Lorbeerblatt und Pfefferkörner im heissen Olivenöl anbraten, bis die Zwiebeln gebräunt sind. Mit zwei Dritteln des Rotweins ablöschen und diesen vollständig einkochen lassen. Den Fond und den restlichen Rotwein dazugeben und nochmals einkochen. Die Bouillonpaste einrühren. Die Sauce durch ein Haarsieb in ein anderes sauberes Pfännchen giessen, dabei die Zwiebeln gut auspressen. Die Sauce wieder aufkochen und die kalte Butter mit dem Schwingbesen einrühren, bis die Sauce sämig ist und einen schönen Glanz aufweist. Sofort servieren.

Den Lammrücken erst direkt vor dem Braten salzen und pfeffern. Im heissen Olivenöl bei nicht allzu grosser Hitze je nach Dicke des Fleischstücks 3–4 Minuten anbraten, dann wenden und auf der anderen Seite weitere zirka 3–4 Minuten braten. Herausnehmen und an einem warmen Ort, im etwa 65 Grad warmen Ofen oder zugedeckt am Rand des Herds, ruhen lassen, damit der Fleischsaft sich im Fleisch verteilen kann. So bleibt das Fleisch schön saftig und wird gleichmässig rosa. Das Fleisch in Scheiben schneiden und auf der Sauce anrichten.

Tipps
• Ich kaufe ausschliesslich Fleisch von Lämmern aus unserem Tal. Schweizer Lämmer werden in der Regel noch natürlich und artgerecht gehalten. Das magere und gesunde Lammfleisch gilt heute als absolute Delikatesse.
• Die Knochen des Lammrückens lasse ich mir vom Metzger klein schneiden und mache daraus den Fond für die Sauce.

Maisplätzchen

2 Maiskolben
2 Eier
wenig Meersalz
1 EL Butter

Die Maiskolben kochen und die Körner ablösen, wie auf Seite 96 beschrieben.
Eier und Salz mit einer Gabel verklopfen, die Maiskörner dazugeben.
In einer weiten beschichteten Pfanne die Butter aufschäumen lassen, mit einem Esslöffel Häufchen der Maismasse in die heisse Butter setzen und langsam auf beiden Seiten goldgelb backen.

Tipp
Die frischen Maiskörner geben den Maisplätzchen eine unerwartete Süsse und Frische. Beim Zerbeissen zerplatzen sie zwischen den Zähnen und sind sehr saftig. Statt frischer Maiskolben kann man auch gefrorene bereits gekochte Maiskörner nehmen, Maiskörner aus der Dose eignen sich für dieses Gericht hingegen nicht.

Wirz

300 g Wirz (Wirsing)
½ kleine Karotte,
geschält
1 TL sehr fein gehackte
Zwiebel
50 ml Vollrahm
¼ TL gemahlener
Koriander

Vom Wirsing die einzelnen Blätter ablösen, die Mittelrippe herausschneiden und die Blätter in grobe Stücke schneiden oder zupfen. Die Karotte in feine Stäbchen (Julienne) schneiden. Beides in stark gesalzenes kochendes Wasser geben und mit der Siebkelle sanft ins Wasser drücken. So schnell wie möglich das Wasser wieder zum Kochen bringen. Wenn die Wirzblätter weich, aber noch schön grün sind, alles in ein Sieb abgiessen, abtropfen lassen und gut mit den Händen auspressen.

In einem kleinen Topf die Zwiebel im Rahm weich dünsten, Koriander dazugeben und etwas einkochen lassen, bis eine ziemlich dicke Sauce entstanden ist. Sofort vom Herd nehmen. Das Gemüse mit dem gewürzten Rahm gut mischen. Sofort servieren.

Tipp

Wirz oder Wirsing ist ein wunderbares Wintergemüse. Die Zugabe von Koriander schwächt den Kohlgeschmack ab und macht das Gemüse mild und verträglich. Die Karotte füge ich aus optischen Gründen hinzu. Sie kann auch weggelassen werden.

Marronimousse

Seit Jahrzehnten ein Dauerbrenner bei uns im Restaurant. Wenn wir unsere Gäste während der Beeren- und Früchtezeit im Sommer «auf Entzug» setzen, gibt es regelmässig Reklamationen.

250 g Marronipüree
1 TL Kirsch
250 ml Rahm
1 Prise Zucker

Das Marronipüree mit dem Kirsch vermischen. Den Rahm mit dem Zucker steif schlagen und nach und nach in drei Portionen vorsichtig unter das Püree ziehen. Kalt stellen.

Tipps

• Früher habe ich das Marronipüree in stundenlanger Arbeit selbst hergestellt. Heute gibt es sehr gute vorgefertigte Pürees, sodass man sich die Mühe ersparen kann.

• Durch den Schnaps und die Luftigkeit des Schlagrahms wirkt dieses Dessert zwar sehr leicht, ist in der Tat aber ziemlich schwer und kalorienreich. Deswegen servieren wir Dörrpflaumen dazu, die beim Verdauen helfen.

• Sehr gut schmecken dazu aber auch in Honig marinierte Trauben, Zwetschgenkompott, Mandarinen- oder Orangensalat.

Rotweinpflaumen

12 Dörrpflaumen, entsteint
200 ml Rotwein
¼ Zimtstange
25 g Zucker
1 Tropfen Orangenessenz

Alles zusammen aufkochen und etwa 5 Minuten köcheln lassen. Auskühlen lassen.

Tipp

Die Rotweinpflaumen mindestens einen Tag im Voraus zubereiten, sodass die Pflaumen Zeit haben, den Wein aufzusaugen und ihren Zucker an die Flüssigkeit abzugeben. Die Pflaumen halten sich im Kühlschrank mindestens 1 Woche.

Januar

Die Kargheit des einfachen Lebens

Es ist tiefer Winter, die Natur ruht und sammelt ihre Kräfte tief in der Erde. Es herrscht Kälte und Kargheit, und die Menschen zehren nun von den Vorräten.

Der Januar entspricht dem Sternzeichen Steinbock. Der Steinbock ist ein Einzelgänger, der sehr karg und bescheiden leben kann. Er ist sparsam, arbeitsam und äusserst ehrgeizig. Je mehr Arbeit er in etwas investieren muss, desto höher schätzt er den Wert des Resultats ein.

Januar-Gerichte sind karg, erdig, herb, sauer, bitter, einfach, günstig, arbeitsintensiv, schwarz-weiss oder farblos. Dazu passen Lagergemüse, Wurzeln, Knollen, Linsen, Nüsse, Geräuchertes, Schwarztee, Sauerkraut, Roggenbrot, schwarze Bitterschokolade, Dörrobst und Eingemachtes.

Das Januar-Menü

Schwarzwurzelterrine mit Karottendressing und Nüsslisalat

Gebratenes Zanderfilet mit schwarzem Risotto

Linsen-Sauerkraut-Torte mit Sauerrahm

Mit Haselnüssen panierte Sellerieschnitzel an Darjeelingsauce, dazu gefüllte Kartoffeln

Truffekuchen

Schwarzwurzelterrine

Für eine Terrinenform von
600 ml Inhalt
(30 x 6 x 5 cm)

Ca. 400 g rohe
Schwarzwurzeln
100 ml Zitronensaft
zum Einlegen
1 TL Zitronensaft
1 EL Gemüsebouillonpaste
200 ml Vollrahm
1 grosse Karotte, geschält
¾ TL Agar-Agar

Die Schwarzwurzeln unter fliessendem Wasser schälen und sofort in kaltes, mit 100 ml Zitronensaft vermischtes Wasser einlegen, damit sie nicht braun anlaufen. Die Schwarzwurzeln in 1–2 cm dicke Scheiben schneiden. Mit wenig Einlegewasser im Dampfkochtopf 8 Minuten oder im Topf in reichlich kochendem, mit Zitronensaft versetztem Salzwasser 20 Minuten weich kochen. Mit etwas heissem Kochwasser, dem Teelöffel Zitronensaft und der Bouillonpaste sehr fein pürieren (es sollte 350 g Schwarzwurzelpüree ergeben). Den Rahm daruntermischen.

Die Karotte mit der Aufschnittmaschine oder von Hand längs in sehr dünne Scheiben schneiden (es sollte 10–15 Scheiben ergeben). Die Karottenscheiben in Salzwasser weich kochen.

Die Terrinenform mit Klarsichtfolie auskleiden, die Karottenstreifen aus dem Wasser nehmen, abtropfen lassen und dicht aneinanderstossend quer in die Form legen, sodass sie seitlich über den Formenrand hängen.

Das Schwarzwurzelpüree mit dem Agar-Agar zirka 5 Minuten unter ständigem Rühren kochen (Achtung, es spritzt!). Das Püree in die Terrinenform giessen, mit dem überhängenden Teil der Karotten bedecken und mindestens 3 Stunden kalt stellen.

Die Terrine mit einem dünnen Messer, am besten einem scharfen Filetiermesser, in 1–2 cm dicke Scheiben schneiden. Mit Karottendressing (siehe rechts) und einem Salat servieren.

Tipps

• Die Schwarzwurzel-Terrine lässt sich gut am Vortag zubereiten.

• Schwarzwurzeln sind ein sehr delikates einheimisches Wintergemüse. Da beim Schälen aus der Wurzel ein weisser Saft austritt, der sehr rasch Hände und Gemüse unschön braun verfärbt, empfehle ich, die schwarze Schale unter fliessendem Wasser zu entfernen und die geschälten Wurzelstangen sofort in Zitronenwasser einzulegen. Dadurch wird der Saft beim Schälen laufend von den Fingern abgewaschen, und im Zitronenwasser bleiben die Stangen schön weiss, was optisch den edlen Charakter ihres Geschmacks unterstreicht.

• Die genaue Dosierung des Agar-Agar ist sehr wichtig. Schon eine Kleinigkeit zu viel macht die Terrine zu fest, ein bisschen zu wenig lässt sie nicht gelieren. Die Terrine sollte schnittfest, aber so weich sein, dass sie in der Wärme der Mundhöhle sofort schmilzt.

Karottendressing

30 g Karotte, geschält,
klein geschnitten
100 ml konzentrierte
(stark gesalzene)
Gemüsebouillon
1 EL Sonnenblumenöl
½ TL milder Essig
Salz nach Bedarf

Die Karotte in der Bouillon sehr weich kochen. Abgiessen und mit den restlichen Zutaten fein mixen, abschmecken. Oder mit Salatsauce nach Wahl mixen, wenn nötig nachsalzen.

Tipp

Auf diese Weise lässt sich aus fast jedem Gemüse ein Dressing zaubern. Einzig grüne Gemüse eignen sich nicht, da der Essig die grüne Farbe zerstört.

Gebratenes Zanderfilet mit Gemüsegarnitur

400 g Zanderfilets
weisses Meersalz
Erdnussöl

Die Algen für die Gemüsegarnitur in mildem Salzwasser 3 Minuten kochen. Abgiessen und abtropfen lassen.

Gemüsegarnitur
1 EL Arame-Algen
1 kleine Zwiebel,
klein geschnitten
1 EL Lauch, in feine
Streifchen geschnitten
1 EL Karotte, in feine
Streifchen geschnitten
4 EL Olivenöl
1 EL geräucherte Forelle,
klein geschnitten
1 EL schwarze Oliven,
klein geschnitten
1 EL Kapern
½ Grapefruit, geschält,
klein gewürfelt
wenig weisses Meersalz

Die Zanderfilets salzen und im ziemlich heissen Öl zuerst auf der einen Seite je nach Dicke der Filets etwa 3 Minuten braten, dann wenden und auf der zweiten Seite nochmals zirka 2 Minuten braten.

Gleichzeitig Zwiebel, Lauch und Karotte im heissen Olivenöl unter ständigem Schwenken braten, bis sie weich sind, aber noch Biss haben. Forelle, Oliven, Kapern und Algen dazugeben und weiter ständig schwenken. Ganz am Schluss die Grapefruits beifügen und nur noch wenige Sekunden warm werden lassen. Vorsichtig salzen, es braucht nicht viel Salz. Das Ganze muss sehr rasch gehen.

Den Zander anrichten und mit der Gemüsemischung überziehen.

Tipps
• Zander ist ein festfleischiger einheimischer Raubfisch, dessen Fleisch sowohl im Biss als auch im Geschmack an Meeresfisch erinnert. Er darf – als Ausnahme unter den Süsswasserfischen – ziemlich heiss gebraten werden, sodass sich eine schöne Kruste bildet. Diese verleiht ihm einen würzigen, herzhaften Geschmack, und das feste Fleisch leidet darunter nicht.
• Der vielseitige Geschmack der Gemüsemischung passt wunderbar zum Nussgeschmack des Reises und zum würzigen Rauchgeschmack des scharf angebratenen Fischs.

Schwarzer Risotto

½ kleine Zwiebel,
fein geschnitten
1 EL Olivenöl
200 g Riso nero
(schwarzer Reis)
100 ml klarer saurer Most
½ gestrichener TL
Gemüsebouillonpaste
200 ml Wasser

Die Zwiebel im Olivenöl glasig dünsten. Den Reis dazugeben und unter ständigem Wenden andünsten, bis alle Reiskörner gut mit Öl überzogen sind. Mit dem sauren Most ablöschen und die Bouillonpaste dazugeben, dabei stetig rühren. Das Wasser nach und nach beigeben und jeweils einkochen lassen, bevor wieder etwas Wasser dazugegeben wird. So fortfahren, bis der Reis ganz gekocht ist, aber noch Biss hat. Dies dauert mindestens 30 Minuten.

Tipps
• Ähnlich wie der rote Camarguereis hat der Riso nero einen schönen Nussgeschmack, der ausgezeichnet zum Fisch passt.
• Riso nero kann wie weisser Risotto auch vorgekocht werden.

Linsen-Sauerkraut-Torte

Ein sehr winterliches Gericht aus einfachen günstigen Zutaten, die in ungewohnter Kombination ein völlig neues interessantes und delikates Gericht ergeben.

Ergibt 1 Torte von 24 cm Durchmesser oder 12 Vorspeisen-Portionen

Crêpeteig
100 ml Milch
50 g Mehl
1 Ei
10 g Butter, flüssig
1 Prise Salz

Füllung
1 kleine Zwiebel, klein gehackt
1 EL Butter
350 g rote Linsen
1 TL Tomatenmark
400 ml Gemüsebouillon
Salz nach Bedarf

1 kg Sauerkraut, gekocht
500 g Sauerrahm

Alle Zutaten zum Teig mit dem Handrührgerät mixen und 30 Minuten ruhen lassen. Dann zu Crêpes von etwa 30 cm Durchmesser ausbacken, wie auf Seite 49 beschrieben.

Für die Füllung die Zwiebel in der Butter andünsten, Linsen und Tomatenmark hinzufügen, mit der Bouillon auffüllen und alles zusammen weich kochen. Anschliessend die Linsen mit dem Kartoffelstampfer grob zerdrücken, wenn nötig nachsalzen.

Alle Zutaten zu einer Torte aufschichten: zuerst eine Crêpe, dann die Hälfte der Linsenmasse, darauf die Hälfte des Sauerkrauts und mit einer Schicht Sauerrahm abdecken. Das Ganze mit den restlichen Zutaten noch einmal wiederholen.

Mit einer weiteren Crêpe bedecken. Diese mit etwas flüssiger Butter oder Sauerrahm bestreichen. Die Torte im Ofen bei 250 Grad 15 Minuten backen.

Zum Servieren in Portionsstücke schneiden und dazu jeweils einen Esslöffel kalten Sauerrahm reichen.

Tipp
Die Linsen-Sauerkraut-Torte möglichst im Voraus herstellen, da sie sehr arbeitsintensiv ist.

Sellerieschnitzel mit Haselnüssen paniert

1 kleine Sellerieknolle
1 Spritzer Zitronensaft
1 EL Mehl
1 Ei, verquirlt
2 EL Haselnüsse, gemahlen
1 EL Butter

Den Sellerie schälen und in zirka 1 cm dicke
Scheiben schneiden. Diese in Salzwasser mit
etwas Zitronensaft 7 Minuten weich kochen. Die
Scheiben herausheben, halbieren und gut
abtropfen lassen. Dann mit Mehl bestäuben, im
aufgeschlagenen Ei wenden und mit den
Haselnüssen panieren. In der aufschäumenden
Butter langsam knusprig braten.

Tipp

Diese panierten Sellerieschnitzel sind ein voll-
wertiger Fleischersatz.

Darjeelingsauce

1 kleine Zwiebel,
fein geschnitten
1 TL Butter
200 ml Gemüsebouillon
1 EL Darjeeling First Flush
200 ml Vollrahm

Die Zwiebel in der Butter glasig dünsten. Die
Bouillon dazugiessen und die Zwiebeln darin weich
kochen. Den Topf vom Herd ziehen, die Teeblätter
dazugeben und etwa 3 Minuten ziehen lassen.
Nicht mehr kochen, sonst wird die Sauce bitter!
Alles durch ein Haarsieb in einen zweiten sauberen
Topf giessen und die Rückstände gut auspressen.
Die Flüssigkeit wieder aufkochen. Einen Schuss
Rahm dazugeben, einkochen lassen, wieder Rahm
beifügen, erneut einkochen und so fortfahren, bis
der Rahm aufgebraucht ist und die Sauce eine
sämige Konsistenz erreicht hat.

Tipp

Es kann natürlich auch ein anderer Schwarztee
sein, er sollte aber in jedem Fall von guter Qualität
und auf keinen Fall aus dem Beutel sein. Billiger
Schwarztee wird rasch bitter.

Gefüllte Kartoffeln

10 kleine festkochende
Kartoffeln, geschält
100 g Knollensellerie,
in feine Streifen geschnitten
100 g Lauch, geputzt,
in feine Streifen geschnitten
200 g Karotten, geschält,
in feine Streifen geschnitten
2 EL Olivenöl
weisses Meersalz
100 ml Gemüsebouillon

Die Kartoffeln einmal längs halbieren. Mit einem
Pariserlöffel oder einem scharfkantigen Kaffeelöffel
aushöhlen, sodass kleine Schiffchen entstehen.
Falls nötig die Kartoffelhälften auf der Unterseite
geradeschneiden, sodass sie gut stehen.
Die Gemüsestreifen im heissen Olivenöl langsam
weich dünsten. Salzen.
Die Kartoffelschiffchen in Salzwasser weich
kochen. Abgiessen und abtropfen lassen. Dann
mit der Öffnung nach oben auf ein gebuttertes
Blech setzen und mit der Gemüsemischung füllen.
Mit wenig Bouillon umgiessen und mit einer Alufolie zugedeckt im heissen Ofen bei 250 Grad
10 Minuten backen.

Tipps

• Für dieses Gericht bevorzuge ich die Sorten
Nicola oder Charlotte; es sollten auf jeden Fall festkochende, eher kleine Kartoffeln sein, da diese auf
dem Teller schöner aussehen. Nicola-Kartoffeln
können schön weich gekocht werden, ohne dass
sie zerfallen.
• Mit einem Stückchen schwarzer Trüffel oder
Olive, einem kleinen Zweiglein Rosmarin oder ein
paar Kümmelsamen darauf sehen die Kartoffeln
sehr schön aus und erhalten immer wieder eine
neue Geschmacksrichtung.

Truffekuchen

Für eine Springform von
24 cm Durchmesser

125 g Butter
150 g Zucker
5 Eigelb
250 g dunkle Schokolade
(z.B. Crémant Zartbitter),
zerkleinert
125 g Mehl
5 Eiweiss
1 Prise Meersalz

Den Boden der Springform mit Backpapier auslegen. Den Rand buttern und mehlen.
Butter und Zucker schaumig rühren. Die Eigelbe
dazugeben und weiter rühren, bis die Masse
hellgelb und dick ist.
Die Schokolade im Wasserbad schmelzen, etwas
auskühlen lassen und unter die Eigelbmasse
mischen. Das Mehl dazusieben und darunterziehen.
Das Eiweiss mit der Prise Salz steif schlagen
und vorsichtig nach und nach mit einem Gummi-
schaber unter die Masse heben.
Den Teig in die vorbereitete Springform füllen.
Im auf 180 Grad vorgeheizten Ofen mit Umluft
16 Minuten backen. Den Kuchen herausnehmen
und in der Form auskühlen lassen. Dabei fällt
er zusammen, und das soll er auch, denn er soll
eine kompakte, dichte Beschaffenheit wie Truffes
haben. Den Kuchen in Klarsichtfolie verpackt

einige Stunden oder noch besser über Nacht in
den Kühlschrank stellen. Der Kuchen wird kalt
gegessen.

Tipps
• Es ist äusserst wichtig, dass Zeit und Temperatur
genau eingehalten werden, da der Kuchen innen
noch feucht sein muss. Dass der Kuchen fertig
gebacken ist, erkennt man daran, dass sich auf der
Oberfläche eine dünne harte Schicht bildet, in der
Risse entstehen. Wenn man den Kuchen jetzt aus
dem Ofen nimmt und leicht hin und her bewegt,
scheint das Innere des Kuchens noch vollkommen
flüssig zu sein. Dies ist genau der richtige Moment,
um den Kuchen aus dem Ofen zu nehmen.
• Zum Kuchen passt etwas Schlagrahm und natürlich Kaffee.

Die Ahnung des Vorfrühlings

Nun werden die Tage wieder länger, die ersten Knospen treiben, und auch wenn der Frühling noch fern ist, inspiriert er uns schon. Es lockt uns ins Freie, Ideen beflügeln uns, wir befreien uns von der Schwere des Winters.

Der Februar entspricht dem Sternzeichen Wassermann. Der Wassermann ist ein freigeistiges, luftiges Zeichen. Er liebt es zu improvisieren und mit Unkonventionellem zu überraschen.

Februar-Gerichte sind leicht, luftig, schaumig, blass, durchlässig, klar, inspiriert, fantasievoll, überraschend, unkonventionell, extravagant und schnell zubereitet. Dazu passt alles Luftig-Schaumige wie Mousses, Soufflés und Schaumgetränke, Chicorée, Salate, Geflügel und Crêpes.

Das Februar-Menü

Forellenmousse im Brüsselerblatt mit Chicoréesalat

Pochierter Rochenflügel mit Safransauce

Champagnerschaumsuppe mit Trüffelöl

Pochiertes Perlhuhnbrüstchen mit leichter Ingwersauce, Basmatireis und karamellisiertem Chicorée

Überbackenes Tannenschösslings-Parfait

geräucherte Forellenmousse

Geräucherte Forellenmousse

80 g geräuchertes
Forellenfilet
100 ml Rahm
Pfeffer aus der Mühle
1 TL Zitronensaft
fein geschnittene
Petersilie oder Schnitt-
lauch nach Verfügbarkeit
8 schöne Blätter
Brüsselersalat

Das Forellenfilet in grobe Stücke schneiden und im Cutter (Blitzhacker) zerkleinern. Rahm und Gewürze zugeben und nochmals kurz mixen, bis die Masse kompakt ist. Der ganze Vorgang dauert nur ein paar wenige Sekunden; bei längerem Mixen würde der Rahm butterig, und die Mousse wäre nicht mehr luftig. Falls die Masse nicht schön homogen und luftig ist, vorsichtig etwas geschlagenen Rahm darunterziehen. Nach Belieben von Hand fein geschnittene Kräuter daruntermengen.
Mit zwei Esslöffeln Klösschen formen und in die Brüsselerblätter setzen.
Dazu nach Belieben ganz fein geschnittenen und mit Sonnenblumenkernen bestreuten roten und weissen Chicoréesalat servieren.

Tipps
• Die Zubereitung der Forellenmousse ist sehr einfach; wichtig für ein gutes Gelingen ist, dass alle Zutaten sehr kalt sind und die Verarbeitung sehr rasch geschieht.
• Der innere Teil der Brüsselersalatsprosse kann als Gemüse verwendet werden.
• Chicoréeblätter lege ich nach dem Schneiden kurz in lauwarmes Wasser, um ihnen die Bitterkeit zu entziehen.
• Im Winter, wenn es keine frischen Kräuter gibt, ergänze ich den Salat mit Sprossen und gerösteten Kernen. Beides gibt dem Salat einen wunderbaren Geschmack und liefert Vitamine und Spurenelemente. Am liebsten verwende ich Sonnenblumen- und Kürbiskerne sowie Sesam-, Mohn- und Leinsamen. Sie werden trocken, das heisst ohne Ölzugabe in einer Pfanne oder unter dem Grill geröstet.

Rochenflügel mit Safransauce

**400 g Rochenflügel ohne
Gräten, küchenfertig
Meersalz
1 Spritzer Zitronensaft**

Safransauce
**100 ml Fischfond
200 ml Vollrahm
½ TL Gemüsebouillonpaste
½ TL Safranfäden
oder 1 Prise Safranpulver**

Für die Sauce den Fischfond aufkochen und etwas einkochen. Den Rahm nach und nach dazugeben und immer wieder einkochen, bis die Sauce eine sämige Konsistenz erreicht hat. Ganz am Schluss die Bouillonpaste und den Safran einrühren.

In einer weiten Pfanne genügend Wasser mit Salz und Zitronensaft zum Kochen bringen. Das Wasser sollte angenehm salzig sein. Die Rochenflügel darin zirka 5 Minuten pochieren, das Wasser darf dann nicht mehr kochen. In der Wärme des Wassers ziehen sich die Flügel zusammen und bilden die typischen Hohlkörper. Den Fisch mit einer Siebkelle herausheben und in der Kelle auf Haushaltspapier abtropfen lassen. Auf der Sauce anrichten.

Tipps

• Vom Rochen werden nur die Brustflossen gegessen, die sogenannten Rochenflügel; diese beim Fischhändler vorbestellen, am besten gleich ohne Gräten. Rochenflügel sind äusserst delikat, von zarter Konsistenz und ausserordentlich feinem Geschmack. Sie werden immer frisch verwendet und können nicht eingefroren werden, da sie beim Auftauen einen penetranten Ammoniakgeruch entwickeln. Seiner Leichtigkeit entsprechend ziehe ich es vor, Rochen zu pochieren statt zu braten. Beim Pochieren muss das Wasser leicht unter dem Siedepunkt bleiben und darf unter keinen Umständen kochen, da der Fisch sonst trocken und hart wird. Der Rochenflügel zieht sich dabei zusammen und bildet eine Hohlform, ähnlich einem Tintenfischkörper, und an den Stellen, wo die Gräten waren, bilden sich längliche Rillen. Dies ergibt eine sehr aparte Wirkung.

• Für den Pochierfond braucht es keinen Fischfond, Wasser, Meersalz und ein Spritzer Zitronensaft genügen.
• Für die Safransauce jedoch wird Fischfond benötigt. Ein einfacher Fischfond lässt sich leicht selbst zubereiten und in passenden Portionen einfrieren (siehe Grundrezept Seite 162). Mittlerweile gibt es aber auch gute Produkte fertig zu kaufen.
• Mit Safranfäden sieht die Sauce sehr schön aus. Falls Sie Pulver verwenden, sehr sparsam dosieren, da der Safran sonst den feinen Fischgeschmack dominiert.

Champagnersuppe

Edel im Geschmack und überraschend durch Einfachheit und Raffinesse zugleich.

80 g Reis, roh
200 ml Weisswein
800 ml konzentrierte
(stark gesalzene)
Gemüsebouillon
1 EL Butter
4 EL Sonnenblumenöl
1 Schuss Champagner
4 EL Schlagrahm
einige Tropfen Trüffelöl

Den Reis in Weisswein und Bouillon sehr weich kochen. Mit Butter und bei Bedarf zusätzlich Wasser im Mixer ganz fein pürieren, dabei das Sonnenblumenöl während des Mixens in einem feinen Strahl einlaufen lassen. Dies gibt der Suppe eine sämige Konsistenz und einen schönen Glanz; sie sollte nicht zu dünn sein, da noch der Champagner hinzukommt.

Die Suppe zurück in den Topf geben und aufkochen. Kurz vor dem Servieren einen Schuss Champagner und den geschlagenen Rahm darunterziehen. Die Suppe in Teller oder Tassen verteilen und auf jede Portion ein paar Tropfen Trüffelöl geben. Sofort servieren.

Tipps

• Diese Suppe ist überraschend einfach und doch sehr speziell und exquisit. Als Bindung dient ein Reis, der seine natürliche Fähigkeit zu zerfallen noch nicht verloren hat, also kein Parboiled-Reis.

• Es lohnt sich, ein wirklich gutes, teures Trüffelöl zu kaufen, das mit echten weissen Albatrüffeln aromatisiert wurde. Günstige Trüffelöle sind mit künstlicher, chemischer Trüffelessenz aromatisiert. Der Geschmacksunterschied ist gewaltig und rechtfertigt den höheren Preis auf jeden Fall. Das Trüffelöl träufle ich direkt vor dem Servieren über die Suppe, sodass sich die feinen Düfte von Champagner, Reis und Trüffel in der Luft verbinden und am Tisch ausbreiten.

• Statt Trüffelöl können Sie auch, falls verfügbar, frische weisse Albatrüffel ganz fein über die Suppe hobeln. Auch fein geschnittene, in Butter-Olivenöl-Mischung gebratene Champignons oder Steinpilze passen ausgezeichnet; sie werden am Schluss sanft auf die angerichtete Suppe gelegt.

Perlhuhnbrüstchen mit Ingwersauce

1 l Gemüsebouillon
4 Perlhuhnbrüstchen

Ingwersauce
1 kleine Zwiebel,
klein geschnitten
50 g frischer Ingwer,
geschält, in feine Scheiben
geschnitten oder geraspelt
200 ml Wasser
1 EL Sonnenblumenöl
200 ml Vollrahm
½ TL Gemüsebouillonpaste
1 Messerspitze Kurkuma
nach Bedarf

Für die Sauce Zwiebel und Ingwer im Wasser etwa 30 Minuten kochen lassen. Unter Zugabe des Öls fein mixen, durch ein Sieb zurück in den Topf streichen und die Rückstände gut auspressen. Einen Schuss Rahm dazugeben, etwas einkochen lassen, wieder Rahm beifügen, erneut einkochen und so fortfahren, bis der Rahm aufgebraucht ist und die Sauce eine sämige Konsistenz aufweist. Zuletzt mit der Bouillonpaste und Kurkuma nach Geschmack abschmecken. Falls die Sauce zu dick ist, etwas Wasser hinzufügen, falls sie zu dünn ist, nochmals etwas einkochen.

Für die Perlhuhnbrüstchen die Bouillon aufkochen. Die Perlhuhnbrüstchen hineinlegen und den Topf sofort vom Herd ziehen; das Wasser darf nun nicht mehr kochen. Die Brüstchen 10–15 Minuten in der Bouillon ziehen lassen. Dann aus dem Sud heben, abtropfen lassen und mit einem scharfen Fleischmesser in Scheiben aufschneiden.

Mit der Sauce und mit Basmatireis (siehe Grundrezept Seite 163) oder mit feinen chinesischen Nudeln anrichten.

Tipps
• Aus dem Pochierfond lässt sich am folgenden Tag ein wunderbares Geflügelsüppchen herstellen: Von den Perlhuhnbrüstchen allenfalls noch vorhandene Flügelknochen abtrennen und am folgenden Tag im Pochierfond auskochen. Den Fond, falls er nun zu salzig ist, mit Wasser verdünnen. Das Fleisch von den Flügelknochen lösen und als Suppeneinlage verwenden. Nach Wunsch noch feine Gemüsestreifen und frisch gehackte Kräuter dazugeben.
• Ein Vorteil des Pochierens ist, dass es kein Fett braucht und ein sehr leichtes Gericht ergibt. Solange die Bouillon nicht kocht, kann das Fleisch problemlos auch 30 Minuten darin bleiben, ohne trocken zu werden.

• Statt Perlhuhnbrüstchen eignet sich auch jedes andere Geflügel mit weissem Fleisch, z.B. Pouletbrüstchen.
• Die Ingwersauce darf als Kontrast zum sanften Perlhuhn leicht scharf sein. Wer die Schärfe des Ingwers mildern möchte, kann als Saucengrundlage eine Reisbindung nehmen, wie bei der Champagnersuppe beschrieben. Das Kurkuma wird einzig der Farbe wegen hinzugefügt und kann ebensogut weggelassen werden.

Karamellisierter Chicorée

6 Stangen Chicorée
(Brüsseler)
Meersalz
1 Zitrone, Saft
2 EL Vollrahm

Vom Chicorée den Strunk abschneiden, die äussersten unschönen Blätter entfernen, schöne äussere Blätter in lauwarmes Wasser legen und für einen Salat beiseite legen.
Die restlichen Chicoréestangen längs halbieren und ebenfalls in lauwarmes Wasser legen, damit sie sich nicht verfärben und die Bitterstoffe ausgeschwemmt werden.
Reichlich Wasser mit Salz und Zitronensaft aufkochen. Die Brüsselerstangen hineinlegen und eventuell mit einem Teller beschweren, sodass sie immer gut unter Wasser sind. Etwa 10 Minuten gut weich kochen, so verlieren sie ihre Bitterkeit. Den Chicorée herausheben, gut abtropfen lassen und mit der Schnittseite nach oben auf ein Blech oder in eine Gratinform legen. Mit dem Rahm beträufeln und unter dem heissen Backofengrill gratinieren, bis er leicht gebräunt ist.

Tipp
Da Chicorée ziemlich viel Zucker enthält, karamellisiert er unter dem Grill, wodurch sich der Geschmack intensiviert.

Überbackenes Tannenschösslings-Parfait

Ein überraschender Effekt: Das Eis unter der Gratiniermasse ist nicht wie erwartet geschmolzen, sondern noch immer fest und wunderbar kühl.

120 g Tannenschösslings-Latwerge (Reformhaus, Detailhandel)
4 Eigelb
400 ml Rahm
½ TL Zucker
4 Eiweiss

Die Tannenschösslings-Latwerge mit den Eigelben zu einer hellen schaumigen Masse schlagen. 4 Esslöffel davon für die Gratiniermasse beiseite stellen.

Den Rahm mit dem Zucker sehr steif schlagen und vorsichtig in mehreren Portionen unter die Eimasse ziehen. In eine Schüssel füllen und mindestens 3 Stunden gefrieren lassen.

Das Eiweiss sehr steif schlagen und vorsichtig unter die beiseite gestellte Eigelb-Latwerge-Masse ziehen (der Eischnee verliert dabei etwas von seiner Festigkeit).

Wenn das Parfait gefroren ist, mit einem Eisportionierlöffel grosse Kugeln abstechen und diese in kleine, vorgekühlte ofenfeste Förmchen setzen.

Die Eischneemischung auf die Parfaitkugeln verteilen, sodass sie damit vollständig bedeckt sind. Die Förmchen direkt unter dem heissen Backofengrill überbacken, bis die Eischneemasse leicht gebräunt ist. Sofort servieren, damit das Eis nicht zu stark schmilzt.

Tipps

• Falls Ihr Backofen keine Grillfunktion hat, überbacken Sie das Dessert bei grösster Oberhitze auf der obersten Rille im vorgeheizten Ofen.

• Um die Extravaganz des Desserts zu betonen, können Sie ein Karamell-Gitter (siehe Grundrezept Seite 164) daraufsetzen.

Sehnsucht

Das März-Menü

Sushi mit mariniertem Ingwer

Bouillabaisse

Bärlauchrisotto mit falschen Spargeln

Marinierter gebratener Seidentofu mit leichter
Currysauce, Chinakohl und feinen Reisnudeln

Tarte au citron

März ist der Monat der Wandlung, der
Übergang zwischen Winter und Frühling.
Obwohl es jetzt noch heftig schneien kann,
hat die Sonne schon grosse Kraft, und die
ersten Frühlingsboten sind bereits da. Der
März weckt Sehnsüchte im Menschen: Sehn-
sucht nach fremden Ländern, nach Wärme,
Wachstum, Liebe.

Der März entspricht dem Sternzeichen
Fische. Es ist das spirituellste aller Tierkreis-
zeichen. Der Fisch ist intuitiv, sensibel und
mitfühlend. Er kennt keine Grenzen und
möchte alles Fremde integrieren. Da er selbst
sehr chaotisch ist, ziehen ihn Klarheit und
Struktur besonders an.

März-Gerichte sind exotisch, medi-
terran, fliessend, abwechslungsreich, medi-
tativ, klar, sinnlich, intensiv und frühlingshaft.
Dazu passen Meeresfrüchte, Fische, Algen,
Sushi, Bärlauch, Reis, Suppen, vegetarische
Gerichte, exotische Gewürze und fernöst-
liche Gerichte, insbesondere japanische.

Maki-Sushi

Reis

250 g Sushireis
½ l Wasser
1 EL Reisessig
1 TL Zucker
½ TL Meersalz

Den Reis unter fliessendem kaltem Wasser waschen. Dann mit allen weiteren Zutaten mischen und 18 Minuten im Reiskocher weich kochen. Oder alles zusammen in einem Topf zugedeckt auf kleinem Feuer kochen, bis das Wasser vom Reis aufgesaugt ist. Der Reis ist nun sehr klebrig, aber noch körnig.

Füllung

1 grosse Karotte, geschält, längs in 1 cm dicke Stäbchen geschnitten
½ Avocado, halbiert, geschält, entsteint
½ Gurke, ungeschält
2 Algenblätter (Nori)
schwarzer Sesam, geröstet, ganz oder grob gemahlen
2 Surimi

Für die Füllung die Karottenstäbchen in wenig Wasser weich kochen. Avocado und Gurke in gleich dicke Stäbchen schneiden.
Ein Algenblatt auf die Sushimatte legen, die untere Hälfte (am besten mit nassen Fingern) mit Reis bedecken und diesen etwas andrücken. Mit Sesam bestreuen. Quer auf die Mitte der Reisfläche etwas gekochte Karotten, Avocado und Gurke legen. Mit Hilfe der Sushimatte das Ganze satt aufrollen und die Rolle beiseite legen.
Das zweite Algenblatt vollständig mit Reis bedecken und diesen mit Sesam bestreuen. Die Sushimatte mit Klarsichtfolie bedecken, auf den Reis legen und dann das Ganze wenden, sodass jetzt das Algenblatt oben und der Reis unten liegt. Quer auf den unteren Teil des Algenblatts Surimi und Avocado legen. Das Ganze von Hand aufrollen und mit Hilfe der Sushimatte und der Folie die Rolle in Form drücken. Die Hände dabei immer wieder in kaltes Wasser tauchen, damit der Reis nicht daran festklebt.
Eine der Rollen hat nun das Algenblatt aussen und den Reis innen, die andere umgekehrt den Reis aussen und das Algenblatt innen. Die Rollen mit einem schmalen, scharfen Messer – am besten einem Filetiermesser oder einem Japanmesser – aufschneiden. Dazu etwas Wasabipaste, Sojasauce und marinierten Ingwer (siehe gegenüber) servieren.

Tipps

• Als Sushi-Füllung eignen sich auch gekochter Rettich, roher Fisch, Crevetten oder beliebige andere weiche Zutaten, die gut zu schneiden sind.
• Auch mit der Form der Sushi kann man experimentieren, z.B. mit den Noriblättern Cornet-Tüten formen, die Ränder mit etwas Wasser festkleben und dann mit Reis, Crevetten usw. füllen.
• Sushi dürfen auf keinen Fall in den Kühlschrank, da sonst viel von ihrem Geschmack verloren geht und der Reis hart wird. Am besten sind die Sushi, wenn der Reis noch lauwarm ist.
• Es ist wichtig, den Reis vor dem Rollen etwas anzudrücken, damit das Sushi beim Schneiden nicht auseinanderfällt.
• Im Detailhandel gibt es speziellen Sushireis zu kaufen, günstige Reiskocher sind in grösseren Asia-Shops erhältlich; die Anschaffung lohnt sich. Der Reiskocher kann auch für die Zubereitung von gewöhnlichem Trockenreis benutzt werden oder für Couscous, Hirse, Gemüse, Fisch und vieles mehr.
• Die Nori (Algenblätter) werden trocken verwendet. Obwohl sie ziemlich papieren wirken, werden sie rasch weich, da sie aus dem Reis Flüssigkeit aufnehmen.
• Falls Sie keine Sushimatte besitzen, erfüllt Backpapier denselben Zweck.
• Wasabi gibt es fixfertig in der Tube oder als Pulver zu kaufen, das dann mit wenig Wasser zu einer Paste verarbeitet wird. Traditionell wird etwas Wasabi in Sojasauce aufgelöst, um die Sushi darin zu tunken. Mir ist die Sojasauce zu dominant; ich geniesse die Sushi nur mit einer Scheibe Ingwer und einer Spur Wasabi gewürzt. Vorsicht: Wasabi ist sehr scharf!

Marinierter Ingwer

250 ml Wasser
2 cl Kräuter- oder Apfelessig
1 Prise Meersalz
1 EL Zucker
50 g frischer Ingwer, geschält

Den Ingwer am besten mit der Aufschnittmaschine in ganz feine Scheibchen schneiden. Mit allen weiteren Zutaten aufkochen und zirka 10 Minuten offen leise köcheln lassen. Den Ingwer in der Flüssigkeit auskühlen lassen.

Tipps

• Eingelegten Ingwer gibt es in Delikatessengeschäften oder in gut sortierten Lebensmittelläden fertig zu kaufen. Er ist aber auch sehr einfach selbst herzustellen.

• Der Ingwer wird in der Kochflüssigkeit aufbewahrt und ist so mindestens eine Woche haltbar.

• Er kann zusätzlich eingefärbt werden: Die Zugabe von etwas Kurkuma zur Kochflüssigkeit färbt ihn gelb. Ein kleines Stück Rande (Rote Bete), das mitgekocht wird, färbt ihn rosa.

Bouillabaisse

1 kg Bouillabaisse-Fische,
filetiert, mundgerecht
geschnitten (Gräten für den
Sud verwenden)
12 ganze Miesmuscheln,
gesäubert
4 rohe Riesencrevetten oder
Langustenschwänze, ganz
100 g Cocktailcrevetten

Fischsud

Fischgräten (siehe oben)
1 Zwiebel, in feine Streifen
geschnitten
50 ml Olivenöl
1 kleine Knoblauchzehe,
gepresst
150 ml Weisswein
750 ml Fischsud
1 Stange Lauch, in feine
Streifen geschnitten
½ Fenchelknolle, in feine
Streifen geschnitten
1 EL Gemüsebouillonpaste
1 Lorbeerblatt,
mit 1 Nelke besteckt
½ TL getrockneter Thymian
1 Blatt getrocknete
Pfefferminze, zerrieben
1 kleiner Schuss Pernod
oder Pastis
4 Messerspitzen Safran
2 Tomaten, gehäutet,
gewürfelt
1 EL Petersilie, gehackt

Für den Fischsud die Fischgräten in 800 ml Wasser 20 Minuten leise köcheln lassen, den Schaum abschöpfen und den Sud durch ein feines Haarsieb abgiessen. Den Fischsud beiseite stellen.
Die Zwiebel im Olivenöl glasig dünsten, den Knoblauch dazupressen und kurz mitdünsten. Mit dem Weisswein ablöschen, mit dem Fischsud auffüllen und aufkochen. Dann zuerst Lauch, Fenchel, Bouillonpaste, Nelke und Lorbeerblatt, Thymian, Pfefferminze und Pastis in die kochende Flüssigkeit geben. Sobald die Gemüse weich sind, Nelke und Lorbeerblatt entfernen. Safran, Tomaten und Petersilie in die Suppe geben. Die Fischsuppe darf jetzt nicht mehr kochen.
Fisch, Muscheln und Riesencrevetten dazugeben und gerade unter dem Siedepunkt in der Suppe pochieren. Ganz zum Schluss die Cocktailcrevetten dazugeben. Heiss in weiten Suppentellern servieren.

Traditionell werden folgende Beilagen zur Bouillabaisse gereicht: geriebener Käse, Rouille (Knoblauch-Peperoni-Mayonnaise) und kleine, mit Knoblauch eingeriebene Toastbrotscheibchen aus Pariserbrot. Das Toastbrot kann man in die Suppe legen oder einfach so dazu essen. Käse und Rouille werden individuell in die Suppe gerührt, sodass diese sämig wird.

Tipps

• Fisch und Meeresfrüchte dürfen nie kochen, da sie sonst zäh und trocken werden.
• Muscheln, die sich beim Pochieren nicht öffnen, müssen weggeworfen werden. Sie sind verdorben.
• Ursprünglich war Bouillabaisse ein einfaches Essen der Fischer; die Zutaten richteten sich nach dem Angebot, so schmeckte die Suppe immer wieder anders.
• Früher wurden die Fische oft ganz serviert und erst am Tisch filetiert. Auch wenn die Suppenzutaten wie im Rezept angegeben mundgerecht serviert werden, braucht es dennoch die Finger zum Essen. Reichen Sie deshalb eventuell Fingerbowlen dazu.
• Nach diesem Gang sollten Sie unbedingt eine Pause einschalten. Geniessen Sie den Nachgeschmack der Suppe, spülen Sie mit einem kühlen provenzalischen Rosé nach und fühlen Sie sich wie in den Ferien!

Bärlauchrisotto

Nach Rezept Seite 163 einen Risotto mit Knoblauch zubereiten. Der Risotto sollte nicht zu
kompakt, sondern ziemlich flüssig sein. Ganz am
Schluss eine Handvoll in sehr feine Streifchen
geschnittenen frischen Bärlauch und geschlagenen
Rahm darunterziehen. Der Reis sollte dann nicht
mehr kochen.

Tipps

• Der Risotto muss sämig, fast noch flüssig sein
und darf auf dem Teller zerfliessen. Deshalb wird er
auch in Suppentellern serviert.
• Bärlauch ist der erste essbare Frühlingsbote.
Im frühen Frühjahr ist er sehr zart und hat einen
feinen Geschmack. Wenn der Winter nicht allzu
kalt war, findet man ihn ab Februar in feuchten
Auenwäldern, an Bachufern, Waldrändern oder
im Garten. Notfalls bekommt man Bärlauch
auch auf dem Markt. Ich nehme mindestens fünf
Blätter pro Person.

Falsche Spargeln

4 Broccoli mit dicken Stängeln	Den Broccoli in Röschen zerteilen, diese beiseite legen und am folgenden Tag als Gemüse kochen. Die Stängel schälen und in die Grösse von Spargel-spitzen schneiden. In kochendem Salzwasser weich kochen, herausheben und nur noch kurz in der aufschäumenden Butter, der etwas frisch gemah-lene Muskatnuss beigefügt wurde, schwenken.
Meersalz	
½ TL Butter	
Muskatnuss	

Tipp

Auch Schwarzwurzeln lassen sich sehr gut als
«falsche Spargeln» zubereiten.

Seidentofu mit Currysauce

200 ml Sojasauce
2 Knoblauchzehen, geschält, längs halbiert
4 Scheiben Ingwer
200 g Seidentofu, in 4 gleichmässige Stücke geteilt
4 EL Mehl
1 Ei, verquirlt
4 EL Paniermehl, mit 2 EL Sesamsamen vermischt
Erdnussöl zum Braten

Currysauce
300 ml Gemüsebouillon
1 mittlere Zwiebel, klein geschnitten
½ TL Fenchelsamen
½ TL Senfsamen
½ TL Koriandersamen
1 kleine Chilischote, entkernt
1 Zweig Curryblätter (aus dem Asienladen)
¼ TL Currypulver
¼ TL Kurkumapulver
50 ml Vollrahm
½ Zitrone, Saft

Knoblauch und Ingwerscheiben in die Sojasauce legen. Den Tofu darin einige Stunden, aber nicht länger als einen Tag marinieren, sonst wird er zu salzig. Falls er nicht ganz mit Sojasauce bedeckt ist, nach der Hälfte der Zeit wenden.

Für die Sauce die Zwiebel mit sämtlichen Gewürzen in der Bouillon aufkochen und etwa 10 Minuten kochen lassen, bis die Zwiebeln weich sind. Alles durch ein Haarsieb in einen zweiten, sauberen Topf passieren und die Rückstände im Sieb gut auspressen. Rahm und Zitronensaft hinzufügen; die Sauce bindet bei der Zugabe des Zitronensafts sofort ab. Sie darf aber nicht zu dick sein; bei Bedarf einfach noch etwas Wasser dazugeben. Abschmecken.

Den Tofu aus der Marinade heben, abtropfen lassen, dann im Mehl wenden, durch das aufgeschlagene Ei ziehen und in der Paniermehl-Sesam-Mischung wenden. Mit einem fischförmigen Ausstecher ausstechen. In wenig Öl 5 Minuten beidseitig braten. Aussen soll der Tofu schön knusprig, innen seidenweich sein.
Mit der Currysauce und feinen Reisnudeln (siehe Grundrezept Seite 164) anrichten.

Tipps
• Für den japanischen Seidentofu wird bei der Herstellung statt des üblichen Baumwolltuchs ein Seidentuch benutzt, und er wird nicht gepresst. Dies ergibt eine äusserst feine und zarte Konsistenz.
• Diese leichte Currysauce habe ich von unserem tamilischen Koch Valli gelernt. Die Gewürze erzeugen einen wunderbar exotischen Duft, der den Appetit anregt und die Vorfreude aufs Essen weckt. Die Sauce passt auch wunderbar zu Fleisch- oder Fischgerichten. 100 ml der Bouillon ersetze ich dann durch den entsprechenden Fond (Fisch, Kalb, Huhn usw.).

Pfannengerührter Chinakohl

1 grosser Chinakohl
2 EL Erdnussöl
1 TL klein gewürfelte Karotte
1 TL klein gewürfelter geschälter frischer Ingwer
¼ TL Gemüsebouillonpaste
1 TL Petersilie, grob gehackt

Den Chinakohl längs halbieren. Den oberen Teil, der hauptsächlich aus Blättern besteht, in etwa 1 cm breite Streifen schneiden, den Rest der Blätter mit der dicken Mittelrippe ½ cm breit schneiden. Eine möglichst weite Pfanne oder einen Wok auf höchster Stufe erhitzen. Das Öl in die heisse Pfanne geben, dann sofort nacheinander Ingwer, Karotte und Chinakohl hineingeben und ständig rühren, bis das Gemüse ganz mit Öl überzogen ist. Die Bouillonpaste dazugeben und weiterrühren. Die Chinakohlblätter fallen nun rasch zusammen und sind in 1–2 Minuten gar, sollten aber noch Biss haben. Die Blätter bleiben dabei intensiv grün, da sie mit Öl umhüllt sind und nur sehr kurze Zeit gedünstet wurden.
Die Pfanne vom Feuer nehmen, die Petersilie dazugeben und sofort servieren. Bei längerem Stehenlassen zieht der Chinakohl Wasser und der Geschmack geht in die Flüssigkeit über.

Tipps
• Beim Kauf des Chinakohls darauf achten, dass er schön grüne, gekrauste Blätter aufweist. Dies spricht für seine Frische.
• Dieses Gemüse verlangt im Moment der Zubereitung die ganze Aufmerksamkeit. Man muss ununterbrochen rühren – in der chinesischen Küche nennt man es «pfannenrühren» –, sodass das Gemüse immer in Bewegung ist und nicht anbraten kann. So bleibt seine Farbe erhalten, und das Gemüse wirkt wunderbar frisch. Diese Art, den Chinakohl zuzubereiten, habe ich von Evelyne, einer Chinesin gelernt, die viele Jahre bei uns in der Küche gearbeitet hat.

Tarte au citron

½ Portion süsser Mürbeteig (nach Grundrezept Seite 164)

Den Mürbeteig nach Grundrezept zubereiten. Eine kleine Kuchenform von 20 cm Durchmesser damit auslegen und blind backen.

Füllung
3 Eier
150 g Zucker
1½ Zitronen, abgeriebene Schale und Saft
75 g Butter
1½ TL Maisstärke, in 1 EL kaltem Wasser aufgelöst

Alle Zutaten zur Füllung in einer Sauteuse auf dem Herd bei mittlerer Hitze schaumig rühren, bis die Masse cremig bindet und langsam dick wird. Sie darf aber nicht kochen!
Die Masse etwas auskühlen lassen, dann auf den blind gebackenen Mürbeteigboden geben und im Backofen mit Umluft bei 200 Grad etwa 15 Minuten, ohne Umluft bei 220 Grad etwa 20 Minuten fertig backen.

Tipps
• Die Tarte au citron hat eine lange Tradition in der französischen Küche. Sie ist sehr einfach in der Zubereitung, schmeckt ungemein lecker und wirkt trotz der schweren Zutaten wunderbar leicht und frisch.
• Der Kuchen kann lauwarm oder gekühlt gegessen werden.

Grundrezepte

Salatsauce

Für 1 Liter
100 ml sehr kräftige Gemüsebouillon
2 EL Akazienhonig
200 ml Apfelessig
700 ml Olivenöl

Alles zusammen mit dem Stabmixer gut vermischen. In eine Flasche abfüllen.
Vor Gebrauch jeweils gut schütteln.

Tipps
• Die Salatsauce ist mehrere Wochen haltbar.
• Der Honig verleiht der Sauce Milde, er sollte aber nicht als Süsse wahrgenommen werden. Der geringe Anteil an Essig macht die Sauce zusätzlich mild. Wenn die Salatsauce, zum Beispiel für Kinder, noch milder sein soll, gebe ich wenig Rahm dazu.

Reisbindung für Saucen

3 EL gekochter Reis
300 ml kräftige Gemüsebouillon
1 EL Öl
1 TL Butter

Den Reis in der Bouillon sehr weich kochen.
Anschliessend mit Öl und Butter im Mixer sehr fein pürieren.

Tipps
• 50 g roher Reis ergibt 200 g gekochten Reis. Dieser kann in kleinen Portionen eingefroren werden, sodass er als Saucen-Grundlage immer verfügbar ist.
• Die benötigte Reismenge variiert, je nachdem wofür die Reisbindung gebraucht wird (für eine Sauce benötigt man eine stärkere Bindung und damit etwas mehr Reis als für eine Suppe).
• Öl und Butter machen die Sauce geschmeidig, glänzend und weich.

Fonds einfach zubereitet

Fischfond

Fischgräten
Wasser
Gemüsebouillonpaste

Die Gräten in kaltem Wasser aufsetzen, sodass sie gut bedeckt sind. Aufkochen und auf dem Siedepunkt 20 Minuten leise köcheln lassen, dabei immer wieder den Schaum abschöpfen. Den Fond durch ein Passiertuch in einen zweiten Topf abgiessen. Die Flüssigkeit auf die Hälfte einkochen und mit etwas Bouillonpaste würzen.

Tipps
• Gräten bekommt man beim Fischhändler. In der Regel gibt er sie gratis zum Fisch dazu.
• Es ist wichtig, dass beim Auskochen der Gräten das Wasser nicht kocht, sondern nur simmert; so bleibt der Fond schön klar. Lässt man ihn länger als 20 Minuten kochen, erhält er eine unangenehm leimige Konsistenz.

Heller Fleischfond

Klein geschnittene Knochen
(am besten von Kalb, Lamm, Kaninchen oder Geflügel)
Wasser
Gemüsebouillonpaste

Die Knochen in kaltem Wasser aufsetzen, sodass sie gut bedeckt sind. Aufkochen und mehrere Stunden leise köcheln lassen. Bei Bedarf Wasser nachgiessen. Den sich an der Oberfläche bildenden Schaum laufend abschöpfen, so bleibt der Fond schön klar. Den Fond durch ein Passiertuch in einen zweiten Topf abgiessen. Die Flüssigkeit auf die Hälfte einkochen und mit etwas Bouillonpaste würzen.

Dunkler Fleischfond

Klein geschnittene Knochen v.a. von Rind,
Wild oder Lamm
Tomatenmark
Wasser
Gemüsebouillonpaste

Die Knochen ohne zusätzlichen Fettstoff in einem sehr heissen Topf von allen Seiten gut anbraten. Am Schluss etwas Tomatenmark mitrösten. Mit kaltem Wasser auffüllen, bis die Knochen gut bedeckt sind. Aufkochen und mehrere Stunden leise köcheln lassen. Bei Bedarf Wasser nachgiessen. Den sich an der Oberfläche bildenden Schaum laufend abschöpfen. Den Fond durch ein Passiertuch in einen zweiten Topf abgiessen. Die Flüssigkeit auf die Hälfte einkochen und mit etwas Bouillonpaste würzen.

Tipps
• Auf diese Weise lässt sich ein Fond einfach selbst zubereiten. Die Gemüsebouillon ersetzt das Mitkochen von Gemüse und gibt dem Fond Fülle.
• Es lohnt sich, gleich eine grössere Menge herzustellen. Der Fond kann in kleinen Portionen eingefroren werden.
• Knochen bekommt man beim Metzger; in der Regel gibt er sie gratis zum Fleisch dazu.

Nudelteig

Für 4 Personen als Vorspeise oder Beilage
1 Ei
100 g Mehl
¼ TL weisses Meersalz
1 EL Olivenöl

Alle Zutaten zu einem Teig kneten. Dabei so viel Mehl nehmen, bis der Teig sich zu einer Kugel kneten lässt, die nicht mehr klebt. Nicht zu lange kneten. Den Teig in Klarsichtfolie wickeln und mindestens ½ Stunde im Kühlschrank ruhen lassen. Jeweils eigrosse Teigportionen abschneiden und durch die Nudelmaschine drehen, bei der gröbsten Einstellung der Walze beginnend und bis zur feinsten Stufe; dazwischen immer wieder gut mehlen. Auf jeder Stufe möglichst nur einmal durchdrehen; je öfter der Teig durchgedreht wird, desto fester werden die Nudeln.

Für Ravioli:
Auf der feinsten Stufe zweimal durch die Maschine drehen, sodass der Teig hauchdünn wird. Dazwischen immer wieder gut mehlen.

Für Nudeln:
Auf der feinsten Stufe nur einmal durch die Maschine drehen, dann die Walze wechseln und die gewünschte Nudelbreite wählen. Jede Teigbahn noch einmal gut mehlen, durch die Nudelwalze ziehen, die fertigen Nudeln mit den Fingern etwas lockern und auf einem gemehlten Tuch oder Blech lagern. Diese Nudeln sind in kochendem Salzwasser in etwa 2 Minuten gar.

Für die Zubereitung ohne Nudelmaschine:
Den Teig so dünn wie möglich auswallen, dabei immer wieder mehlen. Zuletzt noch einmal auf beiden Seiten sehr gut mehlen. Den Teig zusammenrollen und mit einem grossen, scharfen Messer in Streifen schneiden. Diese mit den Fingern lockern. Vor dem Kochen der Nudeln das Mehl abschütteln.

Risotto

Für 4 Personen als Vorspeise oder Beilage
1 kleine Knoblauchzehe oder ½ kleine Zwiebel, fein gehackt
2 EL Olivenöl
200 g Arborio- oder Carnarolireis
100 ml saurer Most
1 gehäufter TL Bouillonpaste
ca. 400 ml Wasser

Zwiebel oder Knoblauch im Olivenöl glasig dünsten. Den Reis dazugeben und ebenfalls glasig dünsten. Mit dem Most ablöschen, die Bouillonpaste dazugeben und unter ständigem Rühren weiterkochen, bis alle Flüssigkeit verdunstet ist. Etwas Wasser dazugeben und weiterrühren, bis keine Flüssigkeit mehr vorhanden ist. So weiterfahren, bis der Risotto weich ist, aber noch Biss hat. Die Reiskörner dürfen im Kern nicht mehr weiss, sondern müssen glasig sein. Am Schluss nach Bedarf verfeinern mit: Schlagrahm, Champagner, Grappa, frischen Kräutern, Safran, Parmesan.

Tipps
• Ein Risotto will mit Gefühl und Liebe zubereitet werden. Die Kocheigenschaften der verschiedenen Reissorten variieren; daher unbedingt in der Schlussphase probieren, um den richtigen Garzeitpunkt zu erwischen.
• Statt des üblichen Weissweins verwende ich sauren Most; er gibt dem Risotto eine liebliche Note und eine feine, unmerkliche Süsse.
• Ich nehme immer entweder Zwiebeln oder Knoblauch, da beides zusammen die Verdauung stark strapaziert.
• Der Fantasie beim Verfeinern des Risottos durch weitere Geschmacksnoten sind fast keine Grenzen gesetzt; man sollte aber nicht zu viele Geschmacksrichtungen mischen.
• Ich koche den Risotto meist auf Vorrat. Dazu die fünffache Menge der angegebenen Zutaten nehmen, aber nur ca. 800 ml Wasser. Der Risotto ist dann zuletzt halb fertig und versalzen. Er kann so problemlos mehrere Tage im Kühlschrank aufbewahrt werden. Um ihn fertig zu kochen, nur noch etwas Wasser dazugeben, unter Rühren einkochen, erneut Wasser dazugeben und so weiter, bis er die richtige Konsistenz aufweist.

Basmatireis

200 g Basmatireis
Meersalz
1 EL Sonnenblumenöl

Den Reis in einem feinmaschigen Sieb unter fliessendem kaltem Wasser so lange waschen, bis das Wasser klar abfliesst.
Reichlich Wasser mit Salz aufkochen; es sollte angenehm salzig sein. Den Reis in das kochende Wasser schütten und etwa 14 Minuten kochen. In ein Sieb abschütten, gut abtropfen lassen, mit Sonnenblumenöl mischen und sofort servieren.

Tipps
• Durch das Waschen des Reises werden Schmutz und Stärke ausgeschwemmt und der Reis wird beim Kochen schön luftig.
• Das zuletzt unter den Reis gemischte kaltgepresste Sonnenblumenöl unterstreicht seinen feinen nussigen Geschmack.
• Eine zusätzliche überraschende, exotische Note erhält der Reis durch etwas geraspelten Ingwer, den man zuvor in Öl sanft andünstet, ohne dass er bräunt, und dann zum Reis hinzufügt.

Reisnudeln

200 g getrocknete Reisnudeln
Meersalz
1 EL Sonnenblumenöl

Reichlich Salzwasser aufkochen; das Wasser
sollte angenehm salzig schmecken. Die Nudeln ins
kochende Wasser geben und 3 Minuten kochen
lassen. Abgiessen, gut abtropfen lassen und kurz
in Öl schwenken. Sofort servieren.

Tomatensauce

Ergibt 1 Liter Sauce
1 grosse Zwiebel, klein geschnitten
100 ml Olivenöl
1 Knoblauchzehe, gepresst oder klein geschnitten
30 g Tomatenmark
800 g Dosentomaten (Pelati) oder 1 kg frische Tomaten
2 TL Gemüsebouillonpaste
1 gestrichener TL Provencekräuter oder
3 Zweige frischer Basilikum
1 Lorbeerblatt

Die Zwiebel im Olivenöl andünsten. Knoblauch
und Tomatenmark kurz mitdünsten. Alle weiteren
Zutaten dazugeben und auf kleinem Feuer
2–3 Stunden köcheln lassen, dabei ab und zu
umrühren, damit die Tomaten nicht anbrennen.
Das Lorbeerblatt entfernen, die Sauce pürieren
und durch ein Haarsieb streichen. Wenn die
Sauce zu viel Säure hat, noch etwas Olivenöl oder
Rahm dazugeben.

Tipp
Die Sauce kann problemlos portionenweise eingefroren werden. Oder die Sauce heiss in ein
Einmachglas oder ein Glas mit Schraubverschluss
abfüllen, sofort verschliessen und an einem
dunklen kühlen Ort aufbewahren.

Süsser Mürbeteig

**Für 1 Kuchenblech von 30 cm oder für 2 kleine Bleche
von 20 cm Durchmesser**
300 g Mehl
200 g Butter
100 g Zucker
2 Prisen Salz
1 Ei

Mehl und Butter mit den Händen verreiben.
Zucker, Salz und Ei dazugeben und alles rasch zu
einem weichen, glatten Teig kneten. Nicht
zu lange kneten! Den Teig 15 Minuten im Kühlschrank ruhen lassen.
Das Blech mit Backpapier belegen. Den Teig
auswallen und in die Form legen, den Rand hoch-
ziehen.

Zum Blindbacken:
Den Teig mit Backpapier belegen und dieses mit
Hülsenfrüchten, runden Kieselsteinchen oder Back-
perlen beschweren. Im vorgeheizten Backofen
mit Umluft bei 200 Grad 15 Minuten oder ohne
Umluft bei 220 Grad 20 Minuten backen.

Tipp
Bedingt durch den hohen Butteranteil ist dieser
Teig schwierig auszuwallen. Am besten legt
man ein Stück Klarsichtfolie auf den Teig und
wallt ihn so aus.

Karamellfäden

Für Dessertgarnituren

2,5 cl (25 ml) Wasser
20 g Glukosesirup (vom Bäcker oder aus der Drogerie)
100 g Zucker
1 TL Ascorbinsäurepulver

Alle Zutaten zusammen aufkochen. Mit einem in
kaltes Wasser getauchten Pinsel immer wieder dem
Topfrand entlangfahren, um die Kristallbildung
zu vermeiden. Den Zuckersirup kochen lassen, bis
er 153 Grad erreicht hat (mit Zuckerthermometer
messen!).
Etwas abkühlen lassen. Dann mit einem Esslöffel
dünne Fäden gitterförmig auf ein Backpapier
ziehen.
Wenn das Karamell erkaltet ist, kann man es in
Stücke brechen.

Tipp
Die Ascorbinsäure macht das Karamell haltbar.

Küchenpraxis

• Wenn Sie für eine Sauce nicht den passenden Fond zur Verfügung haben, kochen Sie ein kleines Stück des jeweiligen Fleisches oder Fischs in der Sauce aus.

• Gemüsebouillon anstelle von Salz gibt Saucen und Suppen einen abgerundeten Geschmack und Fülle. Eine Gemüsebouillon ist sehr einfach herzustellen: Sellerie, Lauch, Karotte, wenig Fenchel und ein paar Petersilienstängel grob schneiden und in kaltem Wasser aufsetzen. 2–3 Stunden kochen lassen, am Schluss mit weissem Meersalz würzen. Die Bouillon hält sich im Kühlschrank eine Woche oder kann auch, am besten portionenweise, eingefroren werden. Wenn Ihnen Zeit und Geduld dazu fehlen, kaufen Sie eine gute Gemüsebouillonpaste. Am besten und ausgewogensten schmeckt meiner Meinung nach die Gemüsebouillon von Dr. Vogel.

• Saucen werden schön sämig, wenn der Rahm nicht auf einmal, sondern nach und nach dazugegeben und immer wieder eingekocht wird.

• Wenn eine mit Butter gebundene Sauce zu dick geraten ist oder um sie bis zur Fertigstellung sämig zu halten, fügt man wenig Wasser hinzu. Vor dem Anrichten die Sauce noch einmal kurz aufkochen und auf die gewünschte Konsistenz eindicken. Buttersaucen eignen sich nicht zur Aufbewahrung.

• Fleisch wird viel zarter und saftiger, wenn man es einige Zeit vor dem Braten aus dem Kühlschrank nimmt und Raumtemperatur annehmen lässt; es sollte nicht eiskalt in die Pfanne kommen.

• Alle grünen Gemüse müssen in viel und stark gesalzenem Wasser kochen, damit sie ihre Farbe bewahren.

• Sorbets werden nur sämig, wenn sie unter Rühren gefroren werden. Ansonsten bilden sich Eiskristalle. Für ein sämiges Sorbet, auch ohne Eismaschine, kann man sich mit einem Trick behelfen: Die Masse in eine Schüssel füllen und gefrieren lassen. Ungefähr eine halbe Stunde vor dem Servieren die Schüssel aus dem Gefrierer nehmen, das nun hart gefrorene Sorbet bei Zimmertemperatur antauen lassen, dann mit einer Gabel lockern und mit dem Stabmixer aufmixen, bis es die gewünschte sämige Konsistenz aufweist.

Dank

Mein herzlicher Dank geht an:

- meine Kollegin und Mitleiterin Doris Bürge, die mir im «Rössli» den nötigen Freiraum schaffte, den ich zum Schreiben dieses Buches brauchte.

- alle Mitarbeitenden im «Rössli Mogelsberg», vor allem an die Köche und Lehrlinge, die mir bei den Rezepturen geholfen haben, allen voran an Vallipuram Rajendran, dann an Leonor Schmid, Pepino Keller, Stefan Macario und Yannick Weil.

- meinen Fotografen und Freund Stephan Hanslin, ohne den ich dieses Buch niemals begonnen hätte.

- alle Freunde, Köche, Autoren, die mich je beim Kochen inspiriert haben.

- unsere Gäste, die durch ihr Kommen, Wiederkommen und Weiterempfehlen das «Rössli» am Leben erhalten.

- den AT Verlag, der mein Buch verwirklichte: Monika Schmidhofer, die meine Texte einfühlsam an die Anforderungen eines Buches anpasste; Adrian Pabst, der mit Geduld und Kreativität auf meine Wünsche einging; Urs Hunziker, der von Beginn weg mein Projekt unterstützte.

- Willy Rihs, den Mann im Hintergrund.

Rezeptverzeichnis

Vorspeisen und Salate

Artischocken mit Tartarsauce 66

Forellenmousse, geräucherte 140

Frühlingsröllchen mit Couscoussalat 78

Gemüseterrine, leichte 90

Kürbis-Timbale mit Nüsslisalat 102

Maki-Sushi mit mariniertem Ingwer 152, 153

Rauchlachsmousse 54

Schwarzwurzelterrine mit Karottendressing 128

Spargelmousse und Frühlingssalat
mit Kaninchenleber 42

Spargeln, weisse, auf Frühlingssalat
mit Bärlauch 18

Spinatköpfchen 30

Windbeutel mit Roquefortmousse 116

Fischgerichte

Bouillabaisse 154

Egli- und Felchenfilets in Kräuterschaum 44

Fischröllchen in saurer Mangosauce 92

Goldbrasse mit Zitronenbutter 68

Hechtfilet, grilliert, in Kresseschaum 21

Kabeljaufilet mit Tinten-Risotto 106

Lachsfilet, gebraten, mit Dillsauce 80

Rochenflügel mit Safransauce 142

Süsswasserfische (Forelle, Zander und Hechtklösschen) mit Frühlingszwiebelsauce 32, 33

Trilogie von Meeresfischen mit Rosmarinsauce 118

Zanderfilet, gebraten, mit schwarzem Risotto 130

Vegetarische Gerichte

Artischockenravioli 120

Bärlauchrisotto mit falschen Spargeln 156

Brikteig-Gemüsebeutel mit Zuckermais
und Tomatensauce 96

Champagnersuppe 144

Erbsenpüree mit Eierschwämmchen an Schnittlauchrahmsauce 82

Ingwer- und Randensuppe 104

Linsen-Sauerkraut-Torte 132

Melonensuppe, kalte, mit Mascarpone-Gemüse-
Kugeln 54, 56

Morcheln im Brennnesselomelett mit Radieschensauce 22

Nudeln, hausgemacht, mit Cherrytomaten
und Basilikum 56

Petersiliencremesuppe und Pfälzerrübensuppe 46

Seidentofu mit Currysauce 158

Sellerieschnitzel mit Haselnüssen paniert
an Darjeelingsauce 134

Spargeln in Schnittlauchrahmsauce auf frischen
Nudeln 34

Steinpilze, gebraten, auf Champagner-Risotto 94

Ziegenkäse, überbacken, mit Portosauce 72

Zucchettiblüten, gefüllt, in gelber
Peperonisauce 70

Fleischgerichte

Entenbrust an rosa Grapefruitsauce 58

Entrecôte mit Pfeffersauce 24

Kalbsbraten im Heu geschmort mit Hirse
und Bohnen 83, 84

Kaninchenrückenfilet an Estragonsauce 48

Lammrückenfilet mit Rotweinsauce 122

Perlhuhnbrüstchen mit Ingwersauce 146

Rehschnitzel mit Heidelbeersauce 108

Rindsschmorbraten 36

Beilagen

Apfelringe, gefüllt 110

Beinwellblätter, mit Ziegenkäse gefüllt 49

Chicorée, karamellisiert 146

Chinakohl, pfannengerührt 158

Crêpenudeln 49

Frühlingszwiebeln, karamellisiert 26

Grappa-Risotto 24

Kartoffelgratin 74

Kartoffeln, gefüllt 134

Knackerbsen 60

Lauch-Kartoffel-Püree 37

Maisplätzchen 122

Marroni, karamellisiert 110

Mohn-Spätzli 110

Ratatouille 74

Rotkohl 108

Wirz 123

Zucchetti-Kartoffel-Püree 60

Zuckermais 96

Desserts

Blutorangenparfait 26

Erdbeersorbet 50

Himbeerkuchen 62

Holunderblütensorbet 50

Marronimousse mit Rotweinpflaumen 124

Mousse au chocolat 75

Pannacotta mit Hagebuttensauce 98

Rotweinfeigen mit Honigeis 112

Tannenschösslings-Parfait, überbacken 148

Tarte au citron 160

Tiramisù 38

Toggenburger Schlorzifladen 86

Truffekuchen 136

Grundrezepte

Basmatireis 163

Fischfond 162

Fleischfond, dunkler 162

Fleischfond, heller 162

Karamellfäden 164

Mürbeteig, süsser 164

Nudelteig 163

Reisbindung für Saucen 162

Reisnudeln 164

Risotto 163

Salatsauce 162

Tomatensauce 164